AF088492

V&R

Kalender für alle im kirchlichen Dienst 2021

Herausgegeben von
Heinz Behrends

Vandenhoeck & Ruprecht

Name ______________________________

Straße ______________________________

Ort ______________________________

Telefon ______________________________

Mobil ______________________________

E-Mail ______________________________

ISBN 978-3-525-65280-0 (Kalender für alle im kirchlichen Dienst)
ISBN 978-3-525-65281-7 (Kalender für alle im kirchlichen Dienst, Ersatzblock)

Theaterstraße 13, D-37073 Göttingen
Vandenhoeck & Ruprecht Verlage
www.vandenhoeck-ruprecht-verlage.com

Satz: NagelSatz, Reutlingen
Druck und Bindung: Beltz Grafische Betriebe GmbH, Bad Langensalza

Für die Sonn- und Festtage gilt die revidierte Perikopenordnung ab 1. Advent 2018.
Die *Ordnung gottesdienstlicher Texte und Lieder* stammt aus der Veröffentlichung der Geschäfts - führung Perikopenrevision von EKD, UEK und VELKD.
Herausgeber und Quellennachweis für die *Jahreslosung* und die *Monatssprüche*: Ökumenische Arbeitsgemeinschaft für Bibellesen (ÖAB), Ev. Werk für Diakonie und Entwicklung, Caroline-Michaelis-Str. 1, 10115 Berlin.
Morgen- und Abendlese entnommen aus: LESUNG der Heiligen Schrift im Kirchenjahr aus dem Evangelischen Tagzeitenbuch, 6. Auflage, Göttingen 2020.
Die *Herrnhuter Losungen* und *Lehrtexte* mit freundlicher Abdruck-Genehmigung der Direktion der Evangelischen Brüder-Unität in Herrnhut und Bad Boll.
Wir danken dem Gesamtverband für Kindergottesdienst in der EKD e.V. am Comenius-Institut in Münster für den Plan des *Kindergottesdienstes* 2021.
Astronomische Angaben, *Kalendarium*: Herausgegeben vom astronomischen Rechen-Institut am Zentrum für Astronomie der Universität Heidelberg, Stand Januar 2019.

Anschriften: Stand Mai 2020

JAHRESLOSUNG

Jesus Christus spricht:
Seid barmherzig,
wie auch euer Vater
barmherzig ist!

Lukas 6,36

Vorwort

Jesus Christus spricht: „Seid barmherzig, wie auch euer Vater barmherzig ist!“ (Lk. 6,36)

Du siehst sie dort liegen, du denkst, du musst helfen. Du siehst die Bilder aus den Flüchtlingslagern, es rührt dein Herz an. Was kann ich tun? Du begibst dich auf einen Weg der Barmherzigkeit. In unserer Kultur ist es das Herz, das eine Situation erfasst und uns helfend handeln lässt. Barmherzig sein wie Gott barmherzig ist. Der barmherzige Samariter sieht den Hilfsbedürftigen und tut das Nächstliegende. Der Sohn geht in seiner Freiheit in die Irre, der Vater begrüßt ihn, als er heimkehrt, mit Kuss, neuem Kleid und einem großen Fest. So erzählt uns Jesus. Er verkörpert das Wesen Gottes, das barmherzig ist, und er lebt es. Wir spüren die Kraft der Barmherzigkeit im Herzen.

In der Lebenswelt Jesu fühlen die Menschen die Barmherzigkeit in der Gebärmutter. Das Wort für Barmherzigkeit und für Gebärmutter ist im Hebräischen dasselbe. Barmherzigkeit = „rachamim“, Plural von „rechem“, wörtlich „Gebärmutter“, die Wortwurzel „cham“ bedeutet „Wärme“. Dasselbe gilt auch für die arabische Sprache. Das verbindet uns mit dem Islam.

Wer einem anderen Barmherzigkeit schenkt, der schafft neues Leben. Das Wort von der Barmherzigkeit steht bei Lukas im Kontext der Forderung, den Feind zu lieben und andere nicht zu richten oder zu verdammen. Ein hoher Anspruch. „Wie auch euer Vater barmherzig ist.“ Wenn Gott barmherzig ist, wie sollten wir es dann nicht sein in all den Begegnungen und Terminen, die in diesem Kalender eingetragen sind. Ob du es im Herzen fühlst oder im Bauch. Du bringst Wärme in diese aufgewühlte Welt.

Heinz Behrends

Monatssprüche 2021

Januar:	Viele sagen: „Wer wird uns Gutes sehen lassen?" HERR, lass leuchten über uns das Licht deines Antlitzes! *Ps. 4,7 (L)*
Februar:	Freut euch darüber, dass eure Namen im Himmel verzeichnet sind! *Lk. 10,20 (E)*
März:	Jesus antwortete: Ich sage euch: Wenn diese schweigen werden, so werden die Steine schreien. *Lk. 19,40 (L)*
April:	Christus ist Bild des unsichtbaren Gottes, der Erstgeborene der ganzen Schöpfung. *Kol. 1,15 (E)*
Mai:	Öffne deinen Mund für den Stummen, für das Recht aller Schwachen! *Spr. 31,8 (E)*
Juni:	Man muss Gott mehr gehorchen als den Menschen. *Apg. 5,29 (L=E)*
Juli:	Gott ist nicht ferne von einem jeden unter uns. Denn in ihm leben, weben und sind wir. *Apg. 17,27 (L)*
August:	Neige, HERR, dein Ohr und höre! Öffne, HERR, deine Augen und sieh her! *2. Kön. 19,16 (E)*
September:	Ihr sät viel und bringt wenig ein; ihr esst und werdet doch nicht satt; ihr trinkt und bleibt doch durstig; ihr kleidet euch, und keinem wird warm; und wer Geld verdient, der legt's in einen löchrigen Beutel. *Hag. 1,6 (L)*
Oktober:	Lasst uns aufeinander achthaben und einander anspornen zur Liebe und zu guten Werken. *Hebr. 10,24 (L)*
November:	Der Herr aber richte eure Herzen aus auf die Liebe Gottes und auf das Warten auf Christus. *2. Thess. 3,5 (L)*
Dezember:	Freue dich und sei fröhlich, du Tochter Zion! Denn siehe, ich komme und will bei dir wohnen, spricht der HERR. *Sach. 2,14 (L)*

HINWEISE

Dieser Kalender bietet allen, die aktiv im Leben der Kirche stehen, die kalendarischen Hilfen, die zum Mitleben im Kirchenjahr hinführen. Deshalb enthält der Kalender die Jahreslosung, die Monats- und die Wochensprüche und -lieder, alle Sonntagstexte mit Sonnen- und Mondlauf, die täglichen Bibellesungen und Losungen, kirchliche Gedenktage sowie Hinweise auf katholische, orthodoxe, jüdische und islamische Feiertage.

Der Kalender beginnt mit dem neuen Kirchenjahr am **1. Advent 2020** mit **Reihe III** (ab 1. Advent 2021 mit Reihe IV). Lesungen und weitere Angaben für Gedenktage in der Woche stehen meistens auf der Seite des vorausgehenden Sonntags. Wie zuvor finden sich hier die **drei Hauptlesungen** (alttestamentliche Lesung, Evangelium, Epistel) sowie die drei weiteren Predigttexte, jeweils mit den Angaben zur Predigtreihe (I–VI), außerdem der **Psalm (Ps)**. Neben den **Hallelujaversen (Hv)** sind **weitere Texte (WT)** angegeben. **K** bezeichnet den Text für den **Kindergottesdienst**. An den *Werktagen* sind zuerst Morgen- und Abendtext der ‚LESUNG der Heiligen Schrift im Kirchenjahr' angegeben. Der *kursiv* gesetzte Text wird gelesen, wenn nur eine Lesung am Tag verwendet wird. An Sonn- und Festtagen sind die Lesungen am Morgen die jeweiligen Hauptlesungen, **Va** ist die **Vorabendlese**, **A** die **Abendlese**. Das Thema des Johannis- und des Michaelistages (24.6. und 29.9.) bestimmt jeweils Morgen- und Abendlesung der folgenden Tage.

Die weiteren Abkürzungen bedeuten: (F) Fortlaufende (ökumenische) **Bibellese** und (L) **Losung** und **Lehrtext** der Herrnhuter Brüdergemeine, **(EG) Evangelisches Gesangbuch** Stammteil und **(EG.E)** Lieder und Psalme für den Gottesdienst (**Ergänzungsheft zum Evangelischen Gesangbuch**). Abkürzungen der biblischen Bücher nach Luther.

Die Angaben für die **Mondphasen** bedeuten: ○ Neumond, ● Vollmond, ◐ Erstes Viertel, ◑ Letztes Viertel. Die *Auf- und Untergangszeiten* von Sonne und Mond (**SA, U, MA, U**) sind unter Berücksichtigung der mitteleuropäischen Sommerzeit für Kassel angegeben. Für weiter entfernt gelegene Orte können diese Zeiten um größere Beträge abweichen.

INHALT

1. Di
2. Mi
3. Do
4. Fr
5. Sbd

6. 2. Advent

7. Mo 50. Woche
8. Di
9. Mi
10. Do
11. Fr
12. Sbd

13. 3. Advent

14. Mo 51. Woche
15. Di
16. Mi
17. Do
18. Fr
19. Sbd

20. 4. Advent

21. Mo 52. Woche
22. Di
23. Mi
24. Heiliger Abend (Do)
25. **1. Weihnachtstag** (Fr)
26. **2. Weihnachtstag** (Sbd)

27. S. n. d. Christfest

28. Mo 53. Woche
29. Di
30. Mi
31. Altjahrsabend / Silvester (Do)

1. Sonntag im Advent 29

violett

Siehe, dein König kommt zu dir, ein Gerechter und ein Helfer. (Sach. 9,9b)

I: Mt. 21,1–11 (Ev) ▪ **II:** Röm. 13,8–12 (Ep) ▪ **III: Sach. 9,9–10** (AT) ▪ **IV:** Jer. 23,5–8 ▪ **V:** Offb. 3,14–22 ▪ **VI:** Ps. 24,1–10 ▪ **Ps:** 24 ▪ **Hv:** Ps. 50,2.3a ▪ **WT:** Hebr. 10,(19–22)23–25; Offb. 5,1–5(6–10)11–14 ▪ **Va:** Jes. 11,1–9 ▪ **A:** 2. Sam. 7,2–6.10.11b–14a

K. Barbarazweige (Jes. 11,1–5) ▪ **F.** Ps. 24 ▪ **L.** Ps. 115,14; Lk. 1,50

Lieder: Nun komm der Heiden Heiland (EG 4); Wie soll ich dich empfangen (EG 11)

30.11.: Tag des Apostels Andreas rot

Wie lieblich sind auf den Bergen die Füße des Freudenboten, der da Frieden verkündigt, Gutes predigt, Heil verkündigt, der da sagt zu Zion: Dein Gott ist König! (Jes. 52,7)

I/IV: Röm. 10,9–18 (Ep) ▪ **II/V:** 5. Mose 30,11–14 (AT) ▪ **III/VI:** Joh. 1,35–42 (Ev) ▪ **Ps:** 146 ▪ **Hv:** Ps. 33,1 ▪ **WT:** Mt. 4,18–22

Lieder: Die Kirche steht gegründet (EG 264); Die Heiligen, uns weit voran (EG.E 27)

---

nach 250 Saturninus †
1543 Hans Holbein d. J. †
1975 Heinrich Grüber †
1980 Dorothy Day †

30 Montag ○

1728 Alexander Roussel †

Tag des Apostels Andreas

1. Petr. 1,(8–9)10–13; Hab. 2,1–4
F. Jes. 57,14–21
L. Sach. 2,12; Röm. 8,33

1 Dienstag

660 Eligius †
1709 Abraham a Santa Clara †

Hebr. 10,32–39; Mi. 2,1–5.12–13
F. Jes. 58,1–14
L. 1. Mose 26,3; 1. Petr. 1,17

Brich dem Hungrigen dein Brot, und die im Elend ohne Obdach sind, führe ins Haus! Wenn du einen nackt siehst, so kleide ihn, und entzieh dich nicht deinem Fleisch und Blut! *(Jes. 58,7)*

1381 Jan van Ruysbroek †
1570 Matthäus Alber †
1860 Ferdinand Christian Baur †

Mittwoch 2

Kol. 1,9–14; 2. Sam. 23,1–7
F. Jes. 59,1–15a
L. Ps. 11,1; Joh. 14,27

1706 Ämilie Juliane von Schwarzburg-Rudolstadt †
1948 Grundordnung der EKD tritt in Kraft

Donnerstag 3

1. Thess. 5,1–6; Jer. 30,18–22
F. Jes. 59,15b–21
L. 5. Mose 16,17; 2. Kor. 8,12

4 Freitag

Mt. 27,27–30; *Hes. 37,24–28*
F. Jes. 60,1–14
L. Ps. 127,2; Mt. 6,8

306 Barbara †
1563 Konzil von Trient beendet
1865 Adolf Kolping †

(Orth.: Darstellung Mariä im Tempel)

5 Sonnabend

Phil. 1,3–11
F. Jes. 60,15–22
L. Ps. 68,6–7; Mk. 1,32–34

1862 Aloys Henhöfer †
1919 Friedrich Zimmer †

Tag des Ehrenamts

2. Sonntag im Advent **6**

violett

Seht auf und erhebt eure Häupter, weil sich eure Erlösung naht. (Lk. 21,28)

I: Jes. 35,3–10 ▪ **II:** Lk. 21,25–33 (Ev) ▪ **III:** **Jak 5,7–8(9–11)** (Ep) ▪ **IV:** Jes. 63,15–64,3 (AT) ▪ **V:** Hld. 2,8–13 ▪ **VI:** Offb. 3,7–13 ▪ **Ps:** 80,2.3b.5–6.15–16.19–20 ▪ **Hv:** Ps. 96,13b ▪ **WT:** Mt. 24,1–14; Offb. 2,1–7; Offb. 22,12–17 ▪ **Va:** Hag. 2,1–9 ▪ **A:** Jes. 26,7–12

K. Nikolaus (Jes. 58,7–10) ▪ **F.** Ps. 68,1–19 ▪ **L.** Dan. 3,32; 1. Joh. 1,2

Lieder: O Heiland, reiß die Himmel auf (EG 7);
Es kommt die Zeit, in der die Träume sich erfüllen (EG.E 8)

6.12.: Nikolaustag (Bischof Nikolaus von Myra) weiß (rot)

Selig sind die Barmherzigen; denn sie werden Barmherzigkeit erlangen. (Mt. 5,7)

I/IV: Mt. 6,1–4 (Ev) ▪ **II/V:** Eph. 2,1–10 (Ep) ▪ **III/VI:** Jes. 61,1–2.10 (AT) ▪ **Ps:** 138 ▪ **Hv:** Ps. 149,1 ▪ **WT:** Mt. 14,22–33; Lk. 18,15–17; Lk. 18,18–27

Lieder: Herr, mach uns stark im Mut, der dich bekennt (EG 154);
Die Heiligen, uns weit voran (EG.E 27)

---

350 Nikolaus †
1564 Ambrosius Bla(u)rer †
1945 Leonhard Ragaz †

Nikolaus

7 Montag

Hebr. 6,9–12; *Jes. 25,1–8*
F. Jes. 61,1–11
L. Dan. 12,3; 2. Kor. 5,20

1724 Opfer des „Thorner Blutgerichts" †
1874 Konstantin von Tischendorf †

8 Dienstag ◑

Offb. 2,12–17; Jes. 59,15b–20
F. Jes. 62,1–12
L. Joel 2,1; 2. Petr. 3,13

1649 Martin Rinckart †

(Kath.: Mariä unbefleckte Empfängnis)

1691 Richard Baxter († 8.12.)

Mittwoch 9

2. Kor. 5,1–10; Jes. 44,6–9
F. Jes. 63,1–6
L. 5. Mose 8,7; Röm. 8,32

1520 Luther verbrennt Bannandrohungsbulle
1524 Heinrich Zütphen †
1868 Friedrich Wilhelm Krummacher †
1968 Karl Barth †

Tag der Menschenrechte

Donnerstag 10

Offb. 5,6–10; *Jer. 31,1–7*
F. Jes. 63,7–16
L. Jes. 40,5; Joh. 1,14

11 Freitag

Lk. 22,66–71; Zeph. 3,9–13
F. Jes. 63,17–64,11
L. Dan. 6,27; Hebr. 13,8

1910 Lars Olsen Skrefsrud †
1942 Jochen Klepper †

(Jüd.: Chanukka, 11.–18.12.)

12 Sonnabend

1. Thess. 4,13–18
F. Jes. 65,1–16
L. Ps. 41,5; Jak. 5,15

1154 Vicelin †

3. Sonntag im Advent 13

violett

Bereitet dem HERRN den Weg; denn siehe, der HERR kommt gewaltig. (Jes. 40,3.10)

I: Röm. 15,4–13 ▪ **II:** Lk. 3,(1–2)3–14(15–17)18(19–20) ▪ **III: Lk. 1,67–79** (Ev) ▪ **IV:** 1. Kor. 4,1–5 (Ep) ▪ **V:** Jes. 40,1–11 (AT) ▪ **VI:** Mt. 11,2–10 ▪ **Ps:** 85,2–8 oder Lk. 1,68–79 ▪ **Hv:** Ps. 116,5 ▪ **WT:** Jes. 45,1–8; Joh. 1,19–23; Joh. 5,31–40 ▪ **Va:** Jes. 45,1–8 ▪ **A:** Jes. 1,2–9

K. Lucia (Jes. 60,1–2) ▪ **F.** Ps. 68,20–36 ▪ **L.** Jer. 10,6; 1. Joh. 4,14

Lieder: Mit Ernst, o Menschenkinder (EG 10); Die Nacht ist vorgedrungen (EG 16)

um 720 Odilia †
1769 Christian Fürchtegott Gellert †

14 Montag ●

1272 Berthold von Regensburg †
1417 John Oldcastle †

Mt. 3,1–6; Jes. 56,1–8
F. Jes. 65,17–25
L. Jes. 26,9; 2. Kor. 9,10

15 Dienstag

1901 Gerhard Uhlhorn †
1911 Eberhard v. Rothkirch †

Mt. 3,7–12; Jes. 45,14–21
F. Jes. 66,1–4
L. 1. Kön. 8,24; Lk. 1,68–69

999 Adelheid †
1903 Hanna Faust †

Mittwoch **16**

Joh 1,24–28; *Hos. 14,2–10*
F. Jes. 66,5–17
L. Ps. 77,15; Kol. 1,26–27

779 Abt Sturm von Fulda †
1939 Einar Billing †
1964 Lev Zander †

Donnerstag **17**

Mt. 11,11–15; *Zef. 3,14–20*
F. Jes. 66,18–24
L. Jer. 31,17; Offb. 3,20

18 Freitag

2. Kor. 1,18–22; 1. Mose 49,8–12
F. Lk. 1,1–17
L. Hos. 4,1; Mt. 3,2

761/787 Wunibald und Willibald †
1876 Luise Hensel †
1970 Marc Boegner †

19 Sonnabend

Jes. 11,10–13
F. Lk. 1,18–25
L. Ps. 139,16; Lk. 10,20

220 Clemens von Alexandrien †
1944 Paul Blau †

4. Sonntag im Advent **20**

violett (rosa)

Freuet euch in dem Herrn allewege, und abermals sage ich: Freuet euch! Der Herr ist nahe! (Phil. 4,4.5b)

I: Lk. 1,(26–38)39–56 ▪ **II:** 2. Kor. 1,18–22 ▪ **III: 1. Mose 18,1–2.9–15** ▪ **IV:** Lk. 1,26–38(39–56) (Ev) ▪ **V:** Phil. 4,4–7 (Ep) ▪ **VI:** Jes. 62,1–5 (AT) ▪ **Ps:** 102,13–14.16–18.20–23 oder Lk. 1,46–55 ▪ **Hv:** Ps. 45,2a ▪ **WT:** Hes. 17,22–24; Röm. 5,12–14(18–21) ▪ **Va:** Offb. 22,(12–14)16.17.20.21 ▪ **A:** Am. 9,11–15

K. Lebkuchen (Ps. 119,103) ▪ **F.** Ps. 130 ▪ **L.** Ps. 40,17; Eph. 1,5

Lieder: Nun jauchzet, all ihr Frommen (EG 9);
O komm, o komm, du Morgenstern (EG 19)

3.7. oder 21.12.: Tag des Apostels Thomas rot

Wie lieblich sind auf den Bergen die Füße des Freudenboten, der da Frieden verkündigt, Gutes predigt, Heil verkündigt, der da sagt zu Zion: Dein Gott ist König! (Jes. 52,7)

I/IV: Joh. 20,(19–20)24–29 (Ev) ▪ **II/V:** 2. Kor. 5,1–10 (Ep) ▪ **III/VI:** Ri. 6,36–40 (AT) ▪ **Ps:** 18,2–7.17.20 ▪ **Hv:** Ps. 33,1 ▪ **WT:** 2. Kor. 4,1–6; Joh. 14,1–6; 1. Mose 15,1–6

Lieder: Ich steh vor dir mit leeren Händen, Herr (EG 382);
Die Heiligen, uns weit voran (EG.E 27)

1545 Reformation in der Kurpfalz
1552 Katharina Luther, geb. v. Bora, †
1877 Johann von Hofmann †

21 Montag

Offb. 3,7–13; Jes. 60,16b–22
F. Lk. 1,26–38
L. Jes. 29,13; 1. Joh. 3,18

1597 Petrus Canisius †

Tag des Apostels Thomas (3.7. oder 21.12.)

Winteranfang

22 Dienstag ◐

Offb. 22,16.17.20.21; Am. 9,11–15
F. Lk. 1,39–56
L. Ps. 102,28; Offb. 1,8

1899 Dwight Lyman Moody †

1559 Anne Dubourg †
1932 Paul Billerbeck †

Mittwoch 23

Röm. 16,24–27; *Jes. 7,10–14*
F. Lk. 1,57–66
L. Ps. 3,6; Mk. 10,15

24 Donnerstag / Heiliger Abend

Christvesper weiß (gold)

Fürchtet euch nicht! Siehe, ich verkündige euch große Freude, die allem Volk widerfahren wird; denn euch ist heute der Heiland geboren, welcher ist Christus, der Herr, in der Stadt Davids. (Lk. 2,10b.11)

I: Jes. 9,1–6 (AT) ▪ **II:** Hes. 37,24–28 ▪ **III: Jes. 11,1–10** ▪ **IV:** Mi. 5,1–4a ▪ **V:** Lk. 2,1–20 (Ev) ▪ **VI:** Gal. 4,4–7 (Ep) ▪ **Ps:** 96,1–3.7–13 ▪ **Hv:** Ps. 96,11a.13a ▪ **Weissagungen:** Mi. 5,1–4a; Jes. 9,5–6; Jes. 11,1–2; Jer. 23,5–6; Jer. 31,31–34 ▪ **WT:** 2. Sam. 7,4–6.12–14a; Ps. 2,1–12; Joh. 3,31–36; 1. Joh. 4,9–10

K. Krippe (Lk. 2,1–20) ▪ **F.** Lk. 1,67–80 ▪ **L.** Ps. 42,3; Mt. 2,1–2

Lieder: Vom Himmel hoch, da komm ich her (EG 24);
Lobt Gott, ihr Christen alle gleich (EG 24 oder 27)

In der Christnacht weiß (gold)

I: 1. Tim. 3,16 (Ep) ▪ **II:** Sach. 2,14–17 (AT) ▪ **III: Mt. 1,18–25** ▪ **IV:** Tit. 2,11–14 ▪ **V:** Hes. 34,23–31 ▪ **VI:** Lk. 2,1–20 (Ev) ▪ **Ps:** 96,1–3.7–13 ▪ **Hv:** Ps. 96,11a.13a ▪ **WT:** 2. Sam. 7,4–6.12–14a; Ps. 2,1–12; Joh. 3,31–36; 1. Joh. 4,9–10 ▪ **Morgenlese:** Röm. 5,12–14.18–21

Lieder: Es ist ein Ros entsprungen (EG 30); Ich steh an deiner Krippen hier (EG 37)

1541 Andreas Bodenstein (Karlstadt) †
1996 Gottfried Forck †

(Freitag) 1. Weihnachtstag 25

weiß (gold)

Das Wort ward Fleisch und wohnte unter uns, und wir sahen seine Herrlichkeit. (Joh. 1,14a)

I: Joh. 1,1–5.9–14(16–18) (Ev) ▪ **II:** Tit. 3,4–7 (Ep) ▪ **III: Jes. 52,7–10** (AT) ▪ **IV:** 1. Joh. 3,1–2(3–5) ▪ **V:** Kol. 2,3(4–5)6–10 ▪ **VI:** 2. Mose 2,1–10 ▪ **Ps:** 96,1–3.7–13 ▪ **Hv:** Ps. 98,3 ▪ **WT:** Joh. 3,31–36; 1. Kor. 8,5–6; 1. Joh. 4,9–10 ▪ **A:** 2. Kor. 8,7–9

K. Krippe (Lk. 2,1–20) ▪ **F.** Lk. 2,1–14 ▪ **L.** Ps. 144,15; Lk. 2,10–11

Lieder: Gelobet seist du, Jesu Christ (EG 23); Herbei, o ihr Gläub'gen (EG 45)

496 Taufe Chlodwigs
785 Taufe Widukinds
1928 Matilda Wrede †

26 2. Weihnachtstag (Sonnabend)

weiß (gold)

Das Wort ward Fleisch und wohnte unter uns, und wir sahen seine Herrlichkeit. (Joh. 1,14a)

I: Röm. 1,1–7 ▪ **II:** Mt. 1,18–25 (Ev) ▪ **III: Hebr. 1,1–4(5–14)** (Ep) ▪ **IV:** Jes. 7,10–14 (AT) ▪ **V:** Mt. 1,1–17 ▪ **VI:** 2. Kor. 8,7–9 ▪ **Ps:** 96,1–3.7–13 ▪ **Hv:** Ps. 98,3 ▪ **WT:** Joh. 3,31–36; 1. Joh. 4,9–10; Offb. 7,9–17 ▪ **A:** 1. Joh. 3,1.2.(3–5)

Lieder: Zu Bethlehem geboren (EG 32); Kommt und lasst uns Christus ehren (EG 39)

oder 26.12.: Tag des Erzmärtyrers Stephanus rot

Der Tod seiner Heiligen wiegt schwer vor dem HERRN. Dir will ich Dankopfer bringen und des HERRN Namen anrufen. (Ps. 116,15.17)

I: 2. Chr. 24,19–21 (AT) ▪ **II:** Hebr. 10,32–39 ▪ **III: Offb. 7,9–12(13–17)** ▪ **IV:** Jer. 26,1–13 ▪ **V:** Mt. 10,16–22 (Ev) ▪ **VI:** Apg. 6,8–15; 7,(1–54)55–60 (Ep) ▪ **Ps:** 31,2–6.8–9.16–17 ▪ **Hv:** Ps. 116,15.17 ▪ **WT:** Ps. 119,81–82.84–86

K. Krippe (Lk. 2,1–20) ▪ **F.** Lk. 2,15–20 ▪ **L.** Jer. 33,6; Lk. 2,15

Lieder: Geist des Glaubens, Geist der Stärke (EG 137);
Herr, mach uns stark im Mut, der dich bekennt (EG 154)

1910 Gustav Warneck †
1969 Josef Lukl Hromádka †
1989 Heinrich Vogel †

Tag des Erzmärtyrers Stephanus

1. Sonntag nach dem Christfest 27

weiß

Wir sahen seine Herrlichkeit, eine Herrlichkeit als des eingeborenen Sohnes vom Vater, voller Gnade und Wahrheit. (Joh. 1,14b)

I: Mt. 2,13–18(19–23) ▪ **II:** Hiob 42,1–6 ▪ **III:** **Lk. 2,(22–24)25–38(39–40)** (Ev) ▪ **IV:** 1. Joh. 1,1–4 (Ep) ▪ **V:** Jes. 49,13–16 (AT) ▪ **VI:** Joh. 12,44–50 ▪ **Ps:** 71,1–3.12.14–18 ▪ **Hv:** Ps. 98,3 ▪ **WT:** Jes. 63,7–16; 1. Joh. 2,21–25 ▪ **Va:** Jes. 46,3–5.8–10 ▪ **A:** Jes. 63,7–14

K. Engel (Mt. 2,13–15.19–23) ▪ **F.** Ps. 2 ▪ **L.** Ps. 40,5; 2. Petr. 1,19

Lieder: Freuet euch, ihr Christen alle (EG 34); Fröhlich soll mein Herze springen (EG 36)

27.12.: Tag des Apostels und Evangelisten Johannes weiß

Gehet hin in alle Welt und predigt das Evangelium aller Kreatur. (Mk. 16,15b)

I: 1. Joh. 1,1–4 (Ep) ▪ **II/V:** Spr. 8,22–36 (AT) ▪ **III/VI:** Joh. 21,20–24 (Ev) ▪ **Ps:** 92,2–7.13–16 ▪ **Hv:** Ps. 33,1 ▪ **WT:** Spr. 2,1–11

Lieder: Herr, mach uns stark im Mut, der dich bekennt (EG 154);
Herr, du hast darum gebetet (EG 267)

28.12.: Tag der unschuldigen Kinder rot

Der Tod seiner Heiligen wiegt schwer vor dem HERRN. Dir will ich Dankopfer bringen und des HERRN Namen anrufen. (Ps. 116,15.17)

I/IV: Mt. 2,13–18 (Ev) ▪ **II/V:** Offb. 12,1–6(13–17) (Ep) ▪ **III/VI:** Jer. 31,15–17 (AT) ▪ **Ps:** 8,2–10 ▪ **Hv:** Ps. 116,15.17

Lieder: Vom Himmel kam der Engel Schar (EG 25); Es mag sein, dass alles fällt (EG 378)

1543 Georg der Fromme †
1555 Johann Arndt *

Tag des Apostels und Evangelisten Johannes

28 Montag

Offb. 7,1–4.9–12
F. Lk. 2,21–24
L. Jes. 50,4; 2. Kor. 1,4

1524 Johann von Staupitz †
1704 Reinhard Hedinger †
1995 Madeleine Barot †

Tag der unschuldigen Kinder

29 Dienstag

1. Joh. 4,12–16a
F. Lk. 2,25–35
L. Mal. 3,20; Joh. 1,11–12

1170 Thomas Becket †
1608 Martin Schalling †
1956 Martin Albertz †

1968 Hans Asmussen †

○ Mittwoch **30**

Röm. 1,1–7; *Jes. 63,7–14*
F. Lk. 2,36–40
L. Jes. 65,17; Mt. 6,10

31 Donnerstag / Altjahrsabend / Silvester

weiß

Meine Zeit steht in deinen Händen. (Ps. 31,16a)

I: Jes. 51,4–6 ▪ **II:** Hebr. 13,8–9b ▪ **III: 2. Mose 13,20–22** ▪ **IV:** Mt. 13,24–30 (Ev) ▪ **V:** Röm. 8,31b–39 (Ep) ▪ **VI:** Pred. 3,1–15 (AT) ▪ **Ps:** 121,1–8 ▪ **Hv:** Ps. 124,8 ▪ **WT:** Jes. 30, (8–14)15–17; Lk, 12,35–40; Joh. 8,31–36 ▪ **Morgenlese:** 5. Mose 33,26–29

F. Lk. 2,41–52 ▪ **L.** Ps. 6,10; Joh. 16,24

Lieder: Nun lasst uns gehn und treten (EG 58);
Von guten Mächten treu und still umgeben (EG 65)

1384 John Wyclif †
1948 Vereinigte Evangelisch-Lutherische Kirche (VELKD) in Deutschland konstituiert

1. Neujahr (Freitag) 53. Woche 2020

2. Sbd

3. 2. S. n. Christfest

4. Mo 1. Woche

5. Di

6. Epiphanias

7. Do

8. Fr

9. Sbd

10. 1. S. n. Epiphanias

11. Mo 2. Woche

12. Di

13. Mi

14. Do

15. Fr

16. Sbd

17. 2. S. n. Epiphanias

18. Mo 3. Woche

19. Di

20. Mi

21. Do

22. Fr

23. Sbd

24. 3. S. n. Epiphanias

25. Mo 4. Woche

26. Di

27. Mi

28. Do

29. Fr

30. Sbd

31. L. S. n. Epiphanias

1. Mo 5. Woche
2. Di
3. Mi
4. Do
5. Fr
6. Sbd
7. Sexagesimae (2. S. v. d. P.)
8. Mo 6. Woche
9. Di
10. Mi
11. Do
12. Fr
13. Sbd
14. Estomihi (S. v. d. P.)
15. Mo 7. Woche
16. Di
17. Aschermittwoch
18. Do
19. Fr
20. Sbd
21. Invokavit (1. S. d. P.)
22. Mo 8. Woche
23. Di
24. Mi
25. Do
26. Fr
27. Sbd
28. Reminiszere (2. S. d. P.)

1. Mo 9. Woche

2. Di

3. Mi

4. Do

5. Fr

6. Sbd

7. Okuli (3. S. d. P.)

8. Mo 10. Woche

9. Di

10. Mi

11. Do

12. Fr

13. Sbd

14. Lätare (4. S. d. P.)

15. Mo 11. Woche

16. Di

17. Mi

18. Do

19. Fr

20. Sbd

21. Judika (5. S. d. P.)

22. Mo 12. Woche

23. Di

24. Mi

25. Do

26. Fr

27. Sbd

28. Palmarum (6. S. d. P.)

29. Mo 13. Woche

30. Di

31. Mi

1. Gründonnerstag
2. Karfreitag
3. Karsonnabend
4. Ostersonntag
5. Ostermontag 14. Woche
6. Di
7. Mi
8. Do
9. Fr
10. Sbd
11. Quasimodogeniti (1. S. n. O.)
12. Mo 15. Woche
13. Di
14. Mi
15. Do
16. Fr
17. Sbd
18. Miserikordias Domini (2. S. n. O.)
19. Mo 16. Woche
20. Di
21. Mi
22. Do
23. Fr
24. Sbd
25. Jubilate (3. S. n. O.)
26. Mo 17. Woche
27. Di
28. Mi
29. Do
30. Fr

1. Maifeiertag (Sbd)

2. Kantate (4. S. n. O.)

3. Mo 18. Woche

4. Di

5. Mi

6. Do

7. Fr

8. Sbd

9. Rogate (5. S. n. O.)

10. Mo 19. Woche

11. Di

12. Mi

13. Christi Himmelfahrt

14. Fr

15. Sbd

16. Exaudi (6. S. n. O.)

17. Mo 20. Woche

18. Di

19. Mi

20. Do

21. Fr

22. Sbd

23. Pfingstsonntag

24. Pfingstmontag 21. Woche

25. Di

26. Mi

27. Do

28. Fr

29. Sbd

30. Trinitatis

31. Mo 22. Woche

1. Di
2. Mi
3. Fronleichnam (Do)
4. Fr
5. Sbd
6. 1. S. n. Tr.
7. Mo 23. Woche
8. Di
9. Mi
10. Do
11. Fr
12. Sbd
13. 2. S. n. Tr.
14. Mo 24. Woche
15. Di
16. Mi
17. Do
18. Fr
19. Sbd
20. 3. S. n. Tr.
21. Mo 25. Woche
22. Di
23. Mi
24. Johannistag
25. Fr
26. Sbd
27. 4. S. n. Tr.
28. Mo 26. Woche
29. Di
30. Mi

1. Do
2. Fr
3. Sbd
4. 5. S. n. Tr.
5. Mo 27. Woche
6. Di
7. Mi
8. Do
9. Fr
10. Sbd
11. 6. S. n. Tr.
12. Mo 28. Woche
13. Di
14. Mi
15. Do
16. Fr
17. Sbd
18. 7. S. n. Tr.
19. Mo 29. Woche
20. Di
21. Mi
22. Do
23. Fr
24. Sbd
25. 8. S. n. Tr.
26. Mo 30. Woche
27. Di
28. Mi
29. Do
30. Fr
31. Sbd

1. 9. S. n. Tr.

2. Mo 31. Woche

3. Di

4. Mi

5. Do

6. Fr

7. Sbd

8. 10. S. n. Tr.

9. Mo 32. Woche

10. Di

11. Mi

12. Do

13. Fr

14. Sbd

15. 11. S. n. Tr.

16. Mo 33. Woche

17. Di

18. Mi

19. Do

20. Fr

21. Sbd

22. 12. S. n. Tr.

23. Mo 34. Woche

24. Di

25. Mi

26. Do

27. Fr

28. Sbd

29. 13. S. n. Tr.

30. Mo 35. Woche

31. Di

1. Mi
2. Do
3. Fr
4. Sbd
5. 14. S. n. Tr.
6. Mo 36. Woche
7. Di
8. Mi
9. Do
10. Fr
11. Sbd
12. 15. S. n. Tr.
13. Mo 37. Woche
14. Di
15. Mi
16. Do
17. Fr
18. Sbd
19. 16. S. n. Tr.
20. Mo 38. Woche
21. Di
22. Mi
23. Do
24. Fr
25. Sbd
26. 17. S. n. Tr.
27. Mo 39. Woche
28. Di
29. Michaelistag
30. Do

1. Fr
2. Sbd
3. Erntedank / Tag der Deutschen Einheit (18. S. n. Tr.)
4. Mo 40. Woche
5. Di
6. Mi
7. Do
8. Fr
9. Sbd
10. 19. S. n. Tr.
11. Mo 41. Woche
12. Di
13. Mi
14. Do
15. Fr
16. Sbd
17. 20. S. n. Tr.
18. Mo 42. Woche
19. Di
20. Mi
21. Do
22. Fr
23. Sbd
24. 21. S. n. Tr.
25. Mo 43. Woche
26. Di
27. Mi
28. Do
29. Fr
30. Sbd
31. Gedenktag der Reformation

44. Woche

1. Allerheiligen (Mo)

2. Di

3. Mi

4. Do

5. Fr

6. Sbd

7. Drittletzter S.

45. Woche

8. Mo

9. Di

10. Mi

11. Do

12. Fr

13. Sbd

14. Vorletzter S. (Volkstrauertag)

46. Woche

15. Mo

16. Di

17. Buß- und Bettag

18. Do

19. Fr

20. Sbd

21. Letzter S. (Ewigkeitssonntag/Totensonntag)

47. Woche

22. Mo

23. Di

24. Mi

25. Do

26. Fr

27. Sbd

28. 1. Advent

48. Woche

29. Mo

30. Di

1. Mi
2. Do
3. Fr
4. Sbd
5. 2. Advent
6. Mo 49. Woche
7. Di
8. Mi
9. Do
10. Fr
11. Sbd
12. 3. Advent
13. Mo 50. Woche
14. Di
15. Mi
16. Do
17. Fr
18. Sbd
19. 4. Advent
20. Mo 51. Woche
21. Di
22. Mi
23. Do
24. Heiliger Abend (Mi)
25. 1. Weihnachtstag (Sbd)
26. 2. Weihnachtstag / **S. n. d. Christfest**
27. Mo 52. Woche
28. Di
29. Mi
30. Do
31. Altjahrsabend (Fr)

(Freitag) Neujahr **1**

weiß

Jesus Christus gestern und heute und derselbe auch in Ewigkeit. (Hebr. 13,8)

I: Jos. 1,1–9 (AT) ▪ **II:** Joh. 14,1–6 ▪ **III:** **Phil. 4,10–13(14–20)** ▪ **IV:** Spr. 16,(1–8)9 ▪ **V:** Lk. 4,16–21 (Ev) ▪ **VI:** Jak. 4,13–15 (Ep) ▪ **Ps:** 8,2–10 (EG.E 34) ▪ **Hv:** Ps. 124,8 ▪ **WT:** 2. Kön. 23,1–3; Jes. 30,18–22; Hos. 2,16–25; Röm. 4,16b–25 ▪ **A:** Lk. 2,21

F. Ps. 8 ▪ **L.** 3. Mose 19,11; 1. Petr. 3,8–9

Lieder: Der du die Zeit in Händen hast (EG 64);
Du bist der Weg und die Wahrheit (EG.E 23)

oder 1.1.: Tag der Beschneidung und Namengebung Jesu weiß

Jesus Christus gestern und heute und derselbe auch in Ewigkeit. (Hebr. 13,8)

I: Lk. 2,21 (Ev) ▪ **II:** Gal. 4,4–7 (Ep) ▪ **III:** **1. Mose 17,1–5(6–8)9–13(23–27)** (AT) ▪ **IV:** Apg. 4,8–12 ▪ **V:** Kol. 2,6–13 ▪ **VI:** 1. Kor. 7,17–24 ▪ **Ps:** 8,2–10 (EG.E 34) ▪ **Hv:** Ps. 63,5 ▪ **WT:** 5. Mose 10,12–20 ▪ **A:** Lk. 4,16–21

Lieder: Jesus soll die Losung sein (EG 62);
Von guten Mächten treu und still umgeben (EG 65)

379 Basilius der Große †
1484 Huldrych Zwingli *
1981 Deutsche Bibelgesellschaft

(Kath.: Hochfest der Gottesmutter Maria)

Viele sagen: „Wer wird uns Gutes sehen lassen?“ Herr, lass leuchten über uns das Licht deines Antlitzes! *(Ps. 4,7)*

2 Sonnabend

Jos. 24,1–2a.13–18.25–26;
Mt. 22,41–46
F. Lk. 3,1–6
L. Neh. 8,8; Apg. 28,30–31

1801 Johann Kaspar Lavater †
1872 Wilhelm Löhe †
1884 Joh. Gerh. Oncken †

2. Sonntag nach dem Christfest **3**

weiß

Wir sahen seine Herrlichkeit, eine Herrlichkeit als des eingeborenen Sohnes vom Vater, voller Gnade und Wahrheit. (Joh. 1,14b)

I: 1. Joh. 5,11–13 (Ep) ▪ **II:** Jes. 61,1–3(4.9)10.11 (AT) ▪ **III: Lk. 2,41–52** ▪ **IV:** 1. Joh. 5,11–13 ▪ **V:** Jes. 61,1–3(4.9)10.11 ▪ **VI:** Lk. 2,41–52 (Ev) ▪ **Ps:** 100,1–5 (EG.E 85) ▪ **Hv:** Ps. 100,1.2a ▪ **WT:** Joh. 1,43–51; Joh. 7,14–18; Röm. 16,25–27 ▪ **Va:** Mt. 22,41–46 ▪ **A:** Mt. 2,13–15

K. ‚Solange die Erde steht' (1. Mose 8,15–22) ▪ **F.** Ps. 100 ▪ **L.** Jes. 58,10; Lk. 6,36

Lieder: Weil Gott in tiefster Nacht erschiene (EG 56);
Auf, Seele, auf und säume nicht (EG 73)

oder 6.1.: Fest der Erscheinung des Herrn – Epiphanias weiß (gold)

Die Finsternis vergeht und das wahre Licht scheint schon. (1. Joh. 2,8b)

I: Mt. 2,1–12 (Ev) ▪ **II:** Eph. 3,1–7 (Ep) ▪ **III: Jes. 60,1–6** (AT) ▪ **IV:** Joh. 1,15–18 ▪ **V:** 2. Kor. 4,3–6 ▪ **VI:** 1. Kön. 10,1–13 ▪ **Ps:** 72,1–3.10–12.17b–19 ▪ **Hv:** Ps. 117,1 ▪ **WT:** 2. Mose 18,1–12; Jes. 45,1–8; Kol. 1,24–27 ▪ **Va:** Mi. 5,1–4a ▪ **A:** 1. Chr. 17,1–5.11–14

F. Mk. 1,21–28 ▪ **L.** Jes. 40,27; 2. Tim. 2,19

Lieder: Wie schön leuchtet der Morgenstern (EG 70); Stern über Bethlehem (EG.E 1)

---

oder 1.1.: Tag der Beschneidung und Namengebung Jesu

---

306 Gordius †
1537 Schmalkaldische Artikel

4 Montag

1849 Central-Ausschuss für Innere Mission
1946 Friedrich von Bodelschwingh d. J. †

1. Mose 21,1–7; Joh. 8,(50)51–58(59)
F. Lk. 3,7–14
L. 5. Mose 5,29; Hebr. 13,9

1547 Johann Heß, Reformator Breslaus, †
1894 Feofan/Theophan †

Dienstag 5

1. Mose 9,8–11(12.13)
F. Lk. 3,15–20
L. Ps. 23,6; Joh. 10,10

6 Epiphanias (Mittwoch)

weiß (gold)

Die Finsternis vergeht und das wahre Licht scheint schon. (1. Joh. 2,8b)

I: Mt. 2,1–12 (Ev) ▪ **II:** Eph. 3,1–7 (Ep) ▪ **III: Jes. 60,1–6** (AT) ▪ **IV:** Joh. 1,15–18 ▪ **V:** 2. Kor. 4,3–6 ▪ **VI:** 1. Kön. 10,1–13 ▪ **Ps:** 72,1–3.10–12.17b–19 (EG.E 68) ▪ **Hv:** Ps. 117,1 ▪ **WT:** 2. Mose 18,1–12; Jes. 45,1–8; Kol. 1,24–27 ▪ **Va:** Mi. 5,1–4a ▪ **A:** 1. Chr. 17,1–5.11–14

F. Lk. 3,21–38 ▪ **L.** Ps. 84,13; Mt. 2,10–11

Lieder: Wie schön leuchtet der Morgenstern (EG 70); Stern über Bethlehem (EG.E 1)

1919 Walther Paucker †

(Kath.: Heilige Drei Könige/ Erscheinung des Herrn)

1590 Jakob Andreae †

(Orth.: Geburt unseres Herrn Jesus Christus)

Donnerstag 7

Tit. 2,11–14;
4. Mose 24,15–17a(17b–19)
F. Lk. 4,1–13
L. Ps. 119,94; Joh. 15,7

---

482 Severin †
1560 Johann v. Laski †

Freitag 8

Mt. 2,(19.20)21–23; *5. Mose 18,14–19*
F. Lk. 4,14–21
L. Ps. 62,7; Hebr. 12,12–13

9 Sonnabend

1825 Erste Sonntagsschule, Hamburg

1. Joh. 2,8–11
F. Lk. 4,22–30
L. Jer. 12,1; Mt. 20,10–12

1. Sonntag nach Epiphanias **10**

weiß (grün)

Welche der Geist Gottes treibt, die sind Gottes Kinder. (Röm. 8,14)

I: Jos. 3,5–11.17 ▪ **II:** Mt. 3,13–17 (Ev) ▪ **III:** **Röm. 12,1–8** (Ep) ▪ **IV:** Jes. 42,1–9 (AT) ▪ **V:** Joh. 1,29–34 ▪ **VI:** 1. Kor. 1,26–31 ▪ **Ps:** 89,2–5.27–30 (EG.E 77) ▪ **Hv:** Ps. 2,7 ▪ **WT:** 5. Mose 4,31–40; Mt. 4,12–17; Mk 1,9–13 ▪ **Va:** Mk. 1,1–8 ▪ **A:** 1. Sam. 16,1–13

K. „… bis an der Welt Ende." (Mt. 28,16–20) ▪ **F.** Ps. 72 ▪ **L.** Ps. 119,37; Kol. 2,6–7

Lieder: Christus, das Licht der Welt (EG 410);
Du höchstes Licht, du ewger Schein (EG 441)

165 Karpus und Papylus †
1514 Erste vollständige Ausgabe des griechischen NT

(Kath.: Taufe des Herrn)

Internationale Allianzgebetswoche

11 Montag

1546 Ernst der Bekenner von Braunschweig †
1882 Andreas Bräm †

Apg. 10,37–48; Joh. 3,22–30
F. Lk. 4,31–37
L. Jes. 56,8; 1. Tim. 2,3–4

12 Dienstag

1982 Lima-Erklärung

Eph. 4,17–24; *Lk. 18,15–17*
F. Lk. 4,38–44
L. Jer. 23,3; Lk. 15,4

um 367 Hilarius von Poitiers †
533 Remigius v. Reims †
1527 Reformation in Schweden
1635 Philipp Jakob Spener *
1691 George Fox †

● Mittwoch **13**

Kol. 2,1–7; *Röm. 8,26–30*
F. Lk. 5,1–11
L. Mal. 1,6; Mt. 21,28–29

1919 Traugott Hahn †
(Orth.: Beschneidung des Herrn)

Donnerstag **14**

1. Kor. 2,11–16; *Eph. 1,3–10*
F. Lk. 5,12–16
L. Ps. 95,2–3; 1. Tim. 6,15–16

15 Freitag

1949 Jakob Künzler †

Lk. 12,49–53; Joh. 10,30–39(40–42)
F. Lk. 5,17–26
L. 1. Mose 3,6; Lk. 6,39

16 Sonnabend

1545 Georg Spalatin †
1987 Georges Casalis †

Mt. 4,12–17
F. Lk. 5,27–32
L. Ps. 121,5–6; Joh. 17,15

2. Sonntag nach Epiphanias 17

weiß (grün)

Von seiner Fülle haben wir alle genommen Gnade um Gnade. (Joh. 1,16)

I: Röm. 12,9–16 ▪ **II:** Jer. 14,1(2)3–4(5–6)7–9 ▪ **III:** **Joh. 2,1–11** (Ev) ▪ **IV:** 1. Kor. 2,1–10 (Ep) ▪ **V:** 2. Mose 33,18–23 (AT) ▪ **VI:** Hebr. 12,12–18(19–21)22–25a ▪ **Ps.** 105,1–8 (EG.E 90) ▪ **Hv:** Ps. 34,3 ▪ **WT:** Mk. 2,18–20(21–22) ▪ **Va:** Joh. 1,14–18 ▪ **A:** 4. Mose 13,17–19a.23–27

K. Jesus kommt aus vielen Völkern (Mt. 1,1–17) ▪ **F.** Ps. 40 ▪ **L.** Neh. 8,10; 2. Kor. 6,4.10

Lieder: Du Morgenstern, du Licht vom Licht (EG 74); In dir ist Freude (EG 398)

356 Antonius d. Große †
1945 Ludwig Steil in Dachau †

18 Montag

5. Mose 5,1–7(8–21);
Gal. 3,(15–17)18–25
F. Lk. 5,33–39
L. Neh. 9,6; Röm. 11,36

1960 Sophie Kunert-Benfey †

Gebetswoche für die Einheit der Christen (18.–25.1.; südl. Halbkugel: 13.–23.5.)

19 Dienstag

Mk. 2,23–28; Mt. 17,24–27
F. Lk. 6,1–5
L. Jes. 61,1.2; Mt. 5,4

1563 Heidelberger Katechismus

(Orth.: Theophanie/Taufe des Herrn)

1529 Kleiner Katechismus Martin Luthers
1819 Johann Michael Hahn †

◐ Mittwoch **20**

Röm. 9,31–10,8; Lk. 16,14–17
F. Lk. 6,6–11
L. 2. Sam. 22,37; 2. Kor. 3,17

1815 Matthias Claudius †

Donnerstag **21**

Apg. 15,22–31 oder 21,18–26;
Kol. 2,16–23
F. Lk. 6,12–16
L. 1. Mose 2,7; 3. Joh. 2

22 Freitag

Joh. 7,1–13; *Gal. 5,1–6*
F. Lk. 6,17–26
L. Hos. 3,5; Phil. 2,13

304 Vincentius †
1536 Täufer in Münster hingerichtet

23 Sonnabend

5. Mose 33,1–4 (7,12–16)
F. Lk. 6,27–35
L. Jer. 32,41; Lk. 19,10

1549 Johannes Honterus †
1561 Menno Simons †
1945 Helmuth James Graf v. Moltke †

3. Sonntag nach Epiphanias 24

weiß

Es werden kommen von Osten und von Westen, von Norden und von Süden, die zu Tisch sitzen werden im Reich Gottes. (Lk. 13,29)

I: Joh. 4,1–15 ▪ **II:** Apg. 10,21–35 ▪ **III:** **Rut 1,1–19a** ▪ **IV:** Mt. 8,5–13 (Ev) ▪ **V:** Röm. 1,13–17 (Ep) ▪ **VI:** 2. Kön. 5,(1–8)9–15(16–18)19a (AT) ▪ **Ps.** 86,1–2.5–11 (EG.E 75) ▪ **Hv:** Ps. 97,1 ▪ **WT:** 4. Mose 13–14 i.A.; Jer. 45,18–25; Joh. 4,46–54 ▪ **Va:** Apg. 14,(19–20a) 20b–28 ▪ **A:** 1. Kön. 10,1–10

K. Rahab, gastfreundlich und kreativ (Jos. 2,1–21) ▪ **F.** Ps. 16 ▪ **L.** Jer. 2,29; Röm. 3,23–24
Lieder: Lobt Gott den Herrn, ihr Heiden all (EG 293);
In Christus gilt nicht Ost noch West (EG.E 13)

25.1.: Tag der Berufung des Apostels Paulus rot

Ich lebe, doch nun nicht ich, sondern Christus lebt in mir. (Gal. 2,20a)

I/IV: Jes. 45,22–25 (AT) ▪ **II/V:** Mt. 19,27–30 (Ev) ▪ **III/VI:** Apg. 26,4–20(21–23) (Ep) ▪ **Ps:** 67,2–8 (EG.E 64) ▪ **Hv:** Ps. 33,1 ▪ **WT:** Gal. 1,11–24; 2. Kor. 4,1–6; 2. Kor. 6,1–10; 2. Kor. 12,2–10 ▪ **Va:** 2. Kor. 6,1–10

Lieder: Herr, mach uns stark im Mut, der dich bekennt (EG 154);
In dem Herren freuet euch (EG 359)

27.1.: Gedenkens an die Opfer des Nationalsozialismus violett

Hüte dich nur und bewahre deine Seele gut, dass du nicht vergisst, was deine Augen gesehen haben, dass es nicht aus deinem Herzen kommt dein ganzes Leben lang. (5. Mose 4,9a)

I: Eph. 4,25–32 ▪ **II:** Pred. 8,10–14.17 ▪ **III:** Mt. 10,26b–28(29–31) (Ev) ▪ **IV:** 1. Joh. 2,7–11 (Ep) ▪ **V:** 1. Mose 4,1–10 (AT) ▪ **VI:** Lk. 22,(31–34)54–62 ▪ **Ps:** 126,1–6 (EG.E 104) ▪ **WT:** Ps. 34, 16–23; Ps. 46,1–12; Röm. 11,1–2a; Mk. 12,28–34

Lieder: Nimm von uns, Herr, du treuer Gott (EG 146);
Menschen gehen zu Gott in ihrer Not (EG.E 2)

1943 Erich Sack †

25 Montag

Jes. 19,19–25; *Apg. 16,9–15*
F. Lk. 6,36–42
L. Jer. 30,11; 1. Petr. 5,6

1366 Heinrich Seuse †
1586 Lucas Cranach d. J. †

Tag der Berufung des Apostels Paulus

26 Dienstag

1. Kön. 17,8–16; *Röm. 15,7–13*
F. Lk. 6,43–46
L. Jer. 23,29; Lk. 12,49

Um 97 Timotheus und Titus †
1642 Johann Matthäus Meyfart †
1895 Theodor Kliefoth †

Mittwoch 27

1852 Paavo Ruotsalainen †
1945 Befreiung des KZ Auschwitz

Tag des Gedenkens an die Opfer des Nationalsozialismus

Rut 4,7–12; Joh. 4,27–30.39–42
F. Lk. 6,47–49
L. Jes. 29,24; Jak. 1,5

○ Donnerstag 28

814 Karl d. Große †
1953 Theophil Wurm †

(Jüd.: Tu biSchwat)

Lk. 13,22–30; *Apg. 13,42–52*
F. Lk. 7,1–10
L. 1. Mose 32,11; Lk. 19,9

29 Freitag

1499 Katharina von Bora *

Lk. 4,22–30; *Kol. 1,(21–23)24–29*
F. Lk. 7,11–17
L. Dan. 12,2; Röm. 6,23

30 Sonnabend

1919 Xaver Marnitz †
1948 Mahatma Gandhi †
1981 Anna Paulsen †

Offb. 15,1–4
F. Lk. 7,18–23
L. Ps. 145,10; Hebr. 6,7

Letzter Sonntag nach Epiphanias 31

weiß

Über dir geht auf der HERR, und seine Herrlichkeit erscheint über dir. (Jes. 60,2b)

I: 2. Mose 3,1–8a(8b.9)10(11–12)13–14(15) (AT) ▪ **II:** Offb. 1,9–18 ▪ **III:** **2. Petr. 1,16–19(20–21)** ▪ **IV:** 2. Mose 34,29–35 ▪ **V:** Mt. 17,1–9 (Ev) ▪ **VI:** 2. Kor. 4,6–10 (Ep) ▪ **Ps:** 97,1–12 (EG.E 83) ▪ **Hv:** Ps. 97,6 ▪ **WT:** 2. Mose 24,1–2.9–11(15–18); Joh. 12,32–36(37–41) ▪ **Va:** 1. Kön. 19,8–18 ▪ **A:** 2. Mose 24,1.2.9–12.15–18

K. Ruth, mutig und sorgend (Rut i. A. 4,13ff) ▪ **F.** Ps. 18,1–20 ▪ **L.** 1. Chr. 29,9; 2. Kor. 9,7

Lieder: Herr Christ, der einig Gotts Sohn (EG 67); Morgenglanz der Ewigkeit (EG 450)

2.2.: Tag der Darstellung Jesu im Tempel (Lichtmess) weiß

Als die Zeit erfüllt war, sandte Gott seinen Sohn, geboren von einer Frau und unter das Gesetz getan. (Gal. 4,4)

I: Joh. 8,12 ▪ **II:** 1. Joh. 1,1–4 ▪ **III:** Jes. 49,1–6 ▪ **IV:** Lk. 2,22–35(36–40) (Ev) ▪ **V:** Hebr. 2,14–18 (Ep) ▪ **VI:** 2. Mose 13,1–2.14–16 (AT) ▪ **Ps:** 138,1–8 (EG.E 107) ▪ **Hv:** Ps. 138,2a ▪ **WT:** Mal. 3,1–4 ▪ **Va:** Hebr. 4,14–16

Lieder: Im Frieden dein, o Herre mein (EG 222);
Mit Fried und Freud ich fahr' dahin (EG 519)

1892 Charles H. Spurgeon †
1955 John R. Mott †
1967 Otto Dibelius †

Bibelsonntag

1 Montag

2. Mose 40,33–38;
2. Kor. 3,(9–11)12–18
F. Lk. 7,24–35
L. 1. Mose 18,14; Lk. 17,5

1855 Claus Harms †
1923 Ernst Troeltsch †
1981 Ernst Pepping †

2 Dienstag

Joh. 1,43–51; Joh. 3,31–36
F. Lk. 7,36–8,3
L. Jes. 55,11; Apg. 4,29–30

753 Burkhard von Würzburg †
1746 Matthias Desubas †
1945 Alfred Delp †

Darstellung des Herrn/Lichtmess

Freut euch darüber, dass eure Namen im Himmel verzeichnet sind! *(Lk. 10,20)*

865 Ansgar †
1468 Johannes Gutenberg †

Mittwoch **3**

Hab. 3,1–4.10.11.18.19;
Offb. 1,(1.2)3–8
F. Lk. 8,4–15
L. Jer. 16,20; 1. Joh. 5,20

---

856 Hrabanus Maurus †
1553 Caspar Othmayr †

◑ Donnerstag **4**

Joh. 8,12–20; *2. Kor. 4,1–5*
F. Lk. 8,16–18
L. Ps. 34,19; 2. Kor. 1,5

5 Freitag

1705 Philipp Jakob Spener †
1993 Hans Jonas †

Joh. 12,27–32(33); *Offb. 1,(9–11)12–18*
F. Lk. 8,19–21
L. Ps. 56,14; Apg. 12,7

6 Sonnabend

679 Amandus †

4. Mose 6,22–27
F. Lk. 8,22–25
L. Hiob 42,5–6; Apg. 9,3–5

Sexagesimae 7

2. Sonntag vor der Passionszeit

grün

Heute, wenn ihr seine Stimme hört, so verstockt eure Herzen nicht. (Hebr. 3,15)

I: Apg. 16,9–15 ▪ **II:** Hes. 2,1–5(6–7)8–10; 3,1–3 ▪ **III: Lk. 8,4–8(9–15)** (Ev) ▪ **IV:** Hebr. 4,12–13 (Ep) ▪ **V:** Jes. 55,(6–7)8–12a (AT) ▪ **VI:** Mk. 4,26–29 ▪ **Ps.** 119,89–92.103–105.116 (EG.E 100) ▪ **Hv:** Ps. 119,105 ▪ **WT:** Weish. 6,13–17; Mt. 13,31–33(34–35); Gal. 1,6–10 ▪ **Va:** Joh. 7,14–18 ▪ **A:** Mt. 13,10–17

K. Josef, fürsorglich und selbstlos (Mt. 1,16.18–25 und 2,13–15) ▪ **F.** Ps. 18,21–51 ▪ **L.** Jes. 65,1; Lk. 14,23

Lieder: Herr, für dein Wort sei hoch gepreist (EG 196); Gott hat das erste Wort (EG 199)

1873 Josef Baumgärtner, erster Diakon des Rauhen Hauses, †

8 Montag

1527 Georg Wagner †
1874 David Friedrich Strauß †

2. Mose 7,1–13; *5. Mose 32,44–47*
F. Lk. 8,26–39
L. Ri. 5,31; Joh. 17,22

9 Dienstag

1555 John Hooper †

Am. 8,(4–10)11.12; Hes. 33,30–33
F. Lk. 8,40–56
L. Ps. 56,11; 2. Tim. 1,14

1604 Cyriacus Spangenberg †
1782 Friedrich Christoph Oetinger †
1947 Entdeckung der Höhlen bei Qumran

Mittwoch **10**

Mk. 6,1–6; *Lk. 6,43–49*
F. Lk. 9,1–9
L. Ps. 102,27; Hebr. 13,8

1141 Hugo von St. Victor †
1531 Reformation in England

● Donnerstag **11**

Joh. 5,39–47; *1. Thess. 1,2–10*
F. Lk. 9,10–17
L. Mi. 7,18; Röm. 8,32

12 Freitag

Joh. 12,34–36(37–42); *2. Tim. 3,10–17*
F. Lk. 9,18–27
L. Spr. 3,7; Gal. 6,4

1737 Benjamin Schmolck †
1749 Valentin Ernst Löscher †
1834 Friedrich Schleiermacher †

13 Sonnabend

Mt. 13,31–35
F. Lk. 9,28–36
L. Ps. 67,2; Joh. 1,16

1798 Christian Friedrich Schwartz †
1869 Gertrud Reichardt †

Estomihi 14
Sonntag vor der Passionszeit

grün

Seht, wir gehen hinauf nach Jerusalem, und es wird alles vollendet werden, was geschrieben ist durch die Propheten von dem Menschensohn. (Lk. 18,31)

I: Lk. 10,38–42 ▪ **II:** Lk. 18,31–43 ▪ **III: Jes. 58,1–9a** ▪ **IV:** Mk. 8,31–38 (Ev) ▪ **V:** 1. Kor. 13,1–13 (Ep) ▪ **VI:** Am. 5,21–24 (AT) ▪ **Ps:** 31.2–6.8-9.16–17 (EG.E 45) ▪ **Hv:** Ps. 31,8 ▪ **WT:** Spr. 1,20–28; Lk. 8,16–18; Lk. 23,26–31 ▪ **Va:** Mt. 20,17–19 ▪ **A:** Sir. 2,1–11 oder Pred. 7,13–18

K. Der Hauptmann von Kapernaum bittet für seinen Knecht (Mt. 8,5–13) ▪ **F.** Ps. 15 ▪ **L.** Ps. 29,11; Eph. 2,17

Lieder: Liebe, die du mich zum Bilde (EG 401);
Wir gehn hinauf nach Jerusalem (EG.E 3)

Passionsandacht in der Woche ab Aschermittwoch (nach EG 790)

Ps. 6 i.A. (EG 704); **AT. 1**. Mose 3; **EvI; EvII: I:** Mt. 26,1–13; 26,14–16; **II:** Mk. 14,1–9; 14,10–11; **III:** Lk. 22,1–2; 22,3–6; **IV:** Joh. 12,1–11; 12,12–19

869/85 Cyrillus und Methodius †
1546 Luthers letzte Predigt
1826 Johannes Daniel Falk †

15 Montag

Lk. 13,31–35; Mk. 4,21–25
F. Lk. 9,37–45
L. Ri. 10,15; Lk. 15,7

1543 Johannes Eck †
1621 Michael Praetorius †
1945 Georg Maus †

(Orth.: Darstellung des Herrn)

16 Dienstag

Lk. 5,33–39; Mt. 11,16–19(20–24)
F. Lk. 9,46–48
L. 1. Kön. 8,60; Offb. 15,4

1497 Philipp Melanchthon *
1924 Wilhelm Schmidt †

Aschermittwoch 17

violett (schwarz)

Seht, wir gehen hinauf nach Jerusalem, und es wird alles vollendet werden, was geschrieben ist durch die Propheten von dem Menschensohn. (Lk. 18,31)

I: Joel 2,12–19 (AT) ▪ **II:** Mt. 9,14–17 ▪ **III: Ps. 51,1–14(15–21)** ▪ **IV:** 2. Mose 32,1–6.15–20 ▪ **V:** Mt. 6,16–21 (Ev) ▪ **VI:** 2. Petr. 1,2–11 (Ep) ▪ **Ps:** 51,3–6.11–14 (EG.E 60) ▪ **WT:** Dan. 5 i.A.; Mt. 7,21–23; 2. Kor. 7,8–10(11–13a); Eph. 4,17–24 ▪ **A:** 1. Kön. 21,4–11a.15–20.25–29

F. Lk. 9,49–50 ▪ **L.** Ps. 65,6; 1. Joh. 2,2

Lieder: O Herr, nimm unsre Schuld (EG 235); Ein reines Herz, Herr, schaff in mir (EG 389)

1600 Giordano Bruno †
1647 Johann Heermann †

Beginn der Passionszeit

Donnerstag 18

1546 Martin Luther †

Sach. 7,2–13; *Kol. 3,(5–7)8–11*
F. Lk. 9,51–56
L. 1. Mose 18,3; Lk. 19,5

19 Freitag ◐

1545 Peter Brullius †
1937 Friedrich Weißler †

Hiob 42,1–6; *Esra 9,5–9.13–15*
F. Lk. 9,57–62
L. 5. Mose 3,24; Kol. 1,27

20 Sonnabend

1942 Bischof Julius Bursche †

Dan. 5,1–7.17–30
F. Lk. 10,1–16
L. Jes. 63,9; Lk. 15,5

Invokavit **21**

1. Sonntag der Passionszeit

violett

Dazu ist erschienen der Sohn Gottes, dass er die Werke des Teufels zerstöre. (1. Joh. 3,8b)

I: Hebr. 4,14–16 (Ep) ▪ **II:** 1. Mose 3,1–19(20–24) (AT) ▪ **III: Joh. 13,21–30** ▪ **IV:** 2. Kor. 6,1–10 ▪ **V:** Hiob 2,1–13 ▪ **VI:** Mt. 4,1–11 (Ev) ▪ **Ps:** 91,1–6.9–12 (EG.E 79) ▪ **WT:** Lk. 22,31–34; Röm 6,12–14; Jak 1,12–18 ▪ **Va:** 1. Joh. 3,7–11(12) ▪ **A:** Offb. 20,1–6

K. Die Kanaanäerin bittet für ihre Tochter (Mt. 15,21–28) ▪ **F.** Ps. 10 ▪ **L.** Ps. 102,26; 1. Kor. 1,8

Lieder: Ach bleib mit deiner Gnade (EG 347); Ein feste Burg ist unser Gott (EG 362)

Passionsandacht in der Woche nach Invokavit

Ps. 32 i.A. (EG 717); **AT. 2.** Mose 12,1.3.7–8.12–14.26–27; **EvI; EvII: I:** Mt. 26,17–25; 26,26–30; **II:** Mk. 14,12–16; 14,17–25; **III:** Lk. 22,7–13; 22,14–23; **IV:** Joh. 12,23–33; 13,1–17

24.2.: Tag des Apostels Matthias rot

Wie lieblich sind auf den Bergen die Füße des Freudenboten, der da Frieden verkündigt, Gutes predigt, Heil verkündigt, der da sagt zu Zion: Dein Gott ist König! (Jes. 52,7)

I/IV: 1. Sam. 3,1–18 (AT) ▪ **II/V:** Mt. 11,25–30 (Ev) ▪ **III/VI:** Apg. 1,15–26 (Ep) ▪ **Ps:** 25,1b–9 ▪ **Hv:** Ps. 33,1

Lieder: Die Kirche steht gegründet (EG 264); Die Heiligen, uns weit voran (EG.E 27)

1677 Baruch Spinoza †
1861 Lars Levi Laestadius †

22 Montag

1546 Luthers Begräbnis

Jak. 1,1–6(7–11)12.13; Joh. 8,37–45
F. Lk. 10,17–24
L. 1. Sam. 1,11; Lk. 1,46–48

23 Dienstag

um 155 Polycarpus †
1662 Johann Crüger †
1719 Bartholomäus Ziegenbalg †

Hiob 1,1–22; Mk. 14,17–31
F. Lk. 10,25–37
L. Jes. 6,8; 2. Kor. 5,20

Mittwoch 24

1. Kor. 10,9–13; 1. Sam. 18,6–12
F. Lk. 10,38–42
L. 3. Mose 26,5; Mt. 14,20

303 Diokletians erstes Edikt gegen die Christen
1973 Eugen Rosenstock-Huessy †

Tag des Apostels Matthias

Donnerstag 25

Jak. 4,1–10; 1. Thess. 3,1–8
F. Lk. 11,1–4
L. 2. Sam. 22,3; Röm. 8,38–39

779 Walburga †
1536 Berchtold Haller, Reformator Berns, †
1686 Abraham Calov †
1880 Johann Christoph Blumhardt d. Ä. †

26 Freitag

Hebr. 2,11–18; Röm. 6,12–18
F. Lk. 11,5–13
L. Am. 4,13; Joh. 17,6–7

1285 Mechthild v. Magdeburg †
1529 Reichstag zu Speyer

(Jüd.: Purim)

27 Sonnabend ○

2. Thess. 3,1–5
F. Lk. 11,14–28
L. 5. Mose 32,11; Phil. 4,7

1531 Schmalkaldischer Bund
1975 Hermann Diem †

Reminiszere 28
2. Sonntag der Passionszeit

violett

Gott erweist seine Liebe zu uns darin, dass Christus für uns gestorben ist, als wir noch Sünder waren. (Röm. 5,8)

I: Joh. 3,14–21 (Ev) ▪ **II:** Röm. 5,1–5(6–11) (Ep) ▪ **III: Jes. 5,1–7** (AT) ▪ **IV:** Mt. 26,36–46 ▪ **V:** Mk. 12,1–12 ▪ **VI:** 4. Mose 21,4–9 ▪ **Ps:** 25,1–9 (EG.E 42) ▪ **WT:** 1. Mose 14,17–20; Mt. 12,38–42; Joh. 8,(21–26a)26b–30; Hebr. 11,8–16 ▪ **Va:** 2. Mose 17,1–7 ▪ **A:** Weish. 16,5–8 oder 2. Kön. 18,1–7a

K. Licht der Welt und Salz der Erde (Mt. 5,13–16) ▪ **F.** Ps. 25 ▪ **L.** Jes. 43,5; 2. Kor. 4,8–9

Lieder: Das Kreuz ist aufgerichtet (EG 94);
Du schöner Lebensbaum des Paradieses (EG 96)

1551 Martin Bucer †

Gebetstag für bedrängte und verfolgte Christen (EKD)

1 Montag

2. Kor. 13,3–9; *Gal. 6,(11–13)14–18*
F. Lk. 11,29–32
L. 1. Mose 37,14; Phil. 2,4

713 Suitberg †
1457 Anfang der Brüder-Unität in Böhmen
1522 Luther verlässt die Wartburg
1528 Patrick Hamilton †

2 Dienstag

Hiob 2,1–10; Mk. 14,32–42
F. Lk. 11,33–36
L. Ps. 119,66; Jak. 3,13

1606 Martin Moller †
1791 John Wesley †

Jesus antwortete: Ich sage euch: Wenn diese schweigen werden, so werden die Steine schreien. *(Lk. 19,40)*

Mittwoch 3

1554 Johann Friedrich d. Großmütige †
1982 Martin Fischer †

Lk 9,43b–48; *Joh. 16,29–33*
F. Lk. 11,37–54
L. 1. Mose 2,18; Joh. 19,26–27

Donnerstag 4

1890 Franz Delitzsch †
1948 Elsa Brändström †

1. Joh. 1,8–2,2; Gal. 4,13–20
F. Lk. 18,31–43
L. Jer. 29,11; Kol. 1,19–20

5 Freitag

Joh. 8,21–30; *Hebr. 9,11–15*
F. Lk. 19,1–10
L. Spr. 18,10; Phil. 4,6

1875 Hermann Friedrich Kohlbrügge †
1986 Helmut Thielicke †

Weltgebetstag der Frauen („Worauf bauen wir?", Mt. 7,24–27; Vanuatu)

6 Sonnabend ◑

Gal. 2,16–21
F. Lk. 19,11–27
L. Jes. 60,3; Lk. 11,2

1522 Luthers Rückkehr nach Wittenberg
1583 Zacharias Ursinus †
1629 Restitutionsedikt
1984 Martin Niemöller †

Okuli 7

3. Sonntag der Passionszeit

violett

Wer die Hand an den Pflug legt und sieht zurück, der ist nicht geschickt für das Reich Gottes. (Lk. 9,62)

I: Jer. 20,7–11a(11b–13) ▪ **II:** Lk. 9,57–62 (Ev) ▪ **III: Eph. 5,1–2(3–7)8–9** (Ep) ▪ **IV:** 1. Kön. 19,1–8(9–13a) (AT) ▪ **V:** Lk. 22,47–53 ▪ **VI:** 1. Petr. 1,(13–17)18–21 ▪ **Ps:** 34,16–23 (EG.E 50) ▪ **WT:** Lk. 12,49–53; Joh. 15,18–21 ▪ **Va:** 4. Mose 20,1–13 ▪ **A:** Lk. 17,28–33

K. Der Vater unser (Mt. 6,5–15) ▪ **F.** Ps. 34 ▪ **L.** Jer. 1,17; 2. Kor. 4,5

Lieder: Jesu, geh voran (EG 391); Kreuz, auf das ich schaue (EG.E 22)

Passionsandacht in der Woche nach Okuli

Ps. 51 i.A. (EG 727); **AT.** Jes. 42,1–9; **EvI; EvII: I:** Mt. 26,47–56; 26,57–68; **II:** Mk. 14,43–52; 14,53–65; **III:** Lk. 22,39–46; 22,47–53; **IV:** Joh. 18,12–18; 18,19–27

---

766 Chrodegang v. Metz †
1274 Thomas v. Aquin †
1937 Rudolf Otto †

Woche der Brüderlichkeit (7. bis 14.3.)

8 Frauentag (Montag)

1. Kön. 19,19–21;
Lk. 14,(25–26)27–33(34–35)
F. Lk. 19,28–40
L. 2. Chr. 14,10; 2. Kor. 12,9

1920 Wilhelm Bousset †
Weltfrauentag

9 Dienstag

Hiob 7,11–21; Mk. 14,43–52
F. Lk. 19,41–48
L. Mi. 7,8; 1. Thess. 5,5

344 Pusei †
1009 Bruno von Querfurt †

320 Vierzig Ritter von Sebaste †

Mittwoch 10

Mk. 8,(10–13)14–21; *Mt. 19,16–26*
F. Lk. 20,1–8
L. Jer. 31,3; 1. Joh. 4,16

---

250 Pionius †
1575 Matthias Flacius †

Reaktorunfall in Fukushima (10. Jahrestag)

Donnerstag 11

Apg. 9,19b–28;
1. Thess. 2,13.14(15.16)17–20
F. Lk. 20,9–19
L. 3. Mose 19,34; Röm. 12,13

12 Freitag

604 Gregor der Große †

Mt. 10,34–39; *Mk. 9,38–41(42–47)*
F. Lk. 20,20–26
L. Ps. 22,11; Röm. 14,8

13 Sonnabend ●

1559 Georg von Ghese †

Mt. 16,24–27(28)
F. Lk. 20,27–40
L. Spr. 16,33; Jak. 4,15

Lätare 14

4. Sonntag der Passionszeit

violett (rosa)

Wenn das Weizenkorn nicht in die Erde fällt und erstirbt, bleibt es allein; wenn es aber erstirbt, bringt es viel Frucht. (Joh. 12,24)

I: Joh. 6,47–51 ▪ **II:** Jes. 66,10–14 ▪ **III:** **Joh. 12,20–24** (Ev) ▪ **IV:** 2. Kor. 1,3–7 (Ep) ▪ **V:** Jes. 54,7–10 (AT) ▪ **VI:** Lk. 22,54–62 ▪ **Ps:** 84,2–13 (EG.E 72) ▪ **WT:** 5. Mose 8,2–3; Am. 8,11–12; Joh. 6,(47–51)55–66; Phil. 1,15–21 ▪ **Va:** Weish. 2,1.12–22 oder Jer. 11,18–20 ▪ **A:** Mk. 10,28–32

K. Nichts ist vergeudet (Mt. 26,6–13) ▪ **F.** Ps. 84 ▪ **L.** Am. 8,11–12; Lk. 11,28

Lieder: Korn, das in die Erde, in den Tod versinkt (EG 98); Jesu, meine Freude (EG 396)

Passionsandacht in der Woche nach Lätare

Ps. 102 i.A. (EG 741); **AT.** Jes. 49,3–6; **EvI; EvII: I:** Mt. 26,69–75; 27,1–14; **II:** Mk. 14,66–72; 15,1–5; **III:** Lk. 22,54–62; 22,63–71; **IV:** Joh. 18,28–32; 18,33–40

---

968 Mathilde †
1803 Friedrich Gottlieb Klopstock †

15 Montag

1587 Kaspar Olevianus †

5. Mose 8,1–16. *Joh. 6,26–35*
F. Lk. 20,41–47
L. Dan. 3,17.18; Apg. 4,20

16 Dienstag

1021 Heribert v. Köln †
1072 Adalbert von Bremen †

Hiob 9,14–23.32–35; Mk. 14,53–65
F. Lk. 21,1–4
L. 2. Mose 33,18; Joh. 14,8–9

Mittwoch 17

461 Patrick v. Irland †
1970 Günther Dehn †

Joh. 6,30–35(36);15,9–17;
Mk. 4,26–29(30–34)
F. Lk. 21,5–19
L. 1. Mose 16,13; Lk. 18,13

Donnerstag 18

386 Cyrillus von Jerusalem †
1919 Marie Schlieps †
2000 Eberhard Bethge †

Buchmesse in Leipzig (18. bis 21.3., Gastland Portugal)

Joh. 6,52–59; *2. Kor. 4,11–18*
F. Lk. 21,20–28
L. Spr. 16,9; 2. Kor. 3,5

19 Freitag

Joh. 10,17–26; *Joh. 16,16–23a*
F. Lk. 21,29–38
L. 3. Mose 20,8; Mt. 7,24

1534 Michael Weiße †
1656 Georg Calixt †

20 Sonnabend

Hld. 2,8–13
F. Lk. 22,1–6
L. Ri. 6,13; Mk. 4,38

1568 Albrecht v. Preußen †
Frühlingsanfang

Judika 21

5. Sonntag der Passionszeit

violett

Der Menschensohn ist nicht gekommen, dass er sich dienen lasse, sondern dass er diene und gebe sein Leben als Lösegeld für viele. (Mt. 20,28)

I: Joh. 18,28–19,5 ▪ **II:** Hebr. 13,12–14 ▪ **III: Hiob 19,19–27** ▪ **IV:** Mk. 10,35–45 (Ev) ▪ **V:** Hebr. 5,(1–6)7–9(10) (Ep) ▪ **VI:** 1. Mose 22,1–14(15–19) (AT) ▪ **Ps:** 43,1–5 (EG.E 55) ▪ **WT:** Jer. 15,(10.15)16–20; Joh. 11,47–53; Hebr. 10,11–14(15–17)18 ▪ **Va:** Lk. 18,31–43 ▪ **A:** 3. Mose 16,1.2.6–10.20–22

K. Für euch gegeben (Mt. 26,20–30) ▪ **F.** Ps. 22,1–22 ▪ **L.** Jes. 48,13; Joh. 1,1–3

Lieder: O Mensch, bewein dein Sünde groß (EG 76); Holz auf Jesu Schulter (EG 97)

Passionsandacht in der Woche nach Judika

Ps. 130 i.A. (EG 751); **AT.** Jes. 50,4–10; **EvI; EvII: I:** Mt. 27,15–26; 27,27–30; **II:** Mk. 15,6–15; 15,16–19; **III:** Lk. 23,1–12; 23,13–25; **IV:** Joh. 19,1–5; 19,6–16a

---

25.3.: Tag der Ankündigung der Geburt Jesu (Mariä Verkündigung) weiß

Als die Zeit erfüllt war, sandte Gott seinen Sohn, geboren von einer Frau und unter das Gesetz getan. (Gal. 4,4)

I/IV: Gal. 4,4–7 (Ep) ▪ **II/V:** Jes. 7,10–14 (AT) ▪ **III/VI:** Lk. 1,26–38 (Ev) ▪ **Ps:** 19,2–7 (EG.E 36) ▪ **Va:** Hebr. 10,4–10

Lieder: O lieber Herre Jesu Christ (EG 68); Mit dir, Maria, singen wir (EG.E 18)

---

547 Benedikt v. Nursia †
1487 Nikolaus v. d. Flüe †

Internationaler Tag zur Überwindung von Rassismus

22 Montag

1. Mose 37,27–36; *Joh. 1,29–34*
F. Lk. 22,7–23
L. Ps. 34,7; Lk. 11,10

1903 August Schreiber †
1946 Clemens August Graf von Galen †

23 Dienstag

Hiob 19,21–27; Mk. 14,66–72
F. Lk. 22,24–30
L. Jos. 1,9; 2. Tim. 1,7

1566 Wolfgang Fürst zu Anhalt †

1980 Oscar Arnulfo Romero †

Mittwoch 24

Hebr. (6,20)7,1–3(16.17)24–27;
Klgl. 3,1–8.14–20
F. Lk. 22,31–38
L. 1. Mose 1,28; 1. Kor. 3,22–23

1549 Veit Dietrich †

Tag der Ankündigung der Geburt Jesu

(Kath.: Mariä Verkündigung)

Donnerstag 25

1. Petr. 1,14–21; *Jer. 15,15–21*
F. Lk. 22,39–46
L. Ps. 27,9; Lk. 23,42–43

26 Freitag

Hebr. 10,1.11–18; Mt. 21,33–41(42.43)
oder Jer. 26,7–15(24)
F. Lk. 22,47–53
L. Jer. 2,21; Offb. 2,5

809 Liudger †
1675 Ernst d. Fromme †
1919 Karl Schlau †

27 Sonnabend

Offb. 14,1–3(4.5)
F. Lk. 22,54–62
L. 5. Mose 8,12.14; 1. Thess. 5,18

718 Ruppert, Apostel der Bayern, †
1327 Meister Eckhart †

(Jüd.: Pessach, 27.3. bis 4.4.)

Palmarum 28
6. Sonntag der Passionszeit

violett

Der Menschensohn muss erhöht werden, auf dass alle, die an ihn glauben, das ewige Leben haben. (Joh. 3,14b.15)

I: Jes. 50,4–9 (AT) ▪ **II:** Mk. 14,(1–2)3–9 ▪ **III:** **Hebr. 11,1–2(8–12.39–40); 12,1–3** ▪ **IV:** Joh. 17,1–8 ▪ **V:** Joh. 12,12–19 (Ev) ▪ **VI:** Phil. 2,5–11 (Ep) ▪ **Ps:** 69,2–4.8–10.14.21b–22.30 oder Phil. 2,6–11 (EG.E 66) ▪ **WT:** Joh. 12,31–33 ▪ **Va:** Joh. 11,46–57 ▪ **A:** Joh. 17,1–8

K. Wahrlich, er ist Gottes Sohn (Mt. 27,31b–54) ▪ **F.** Ps. 22,23–32 ▪ **L.** Ps. 3,9; Mt. 9,35

Lieder: Herr, stärke mich, dein Leiden zu bedenken (EG 91);
Dein König kommt in niedern Hüllen (EG 14)

Passionsandacht in der Karwoche

Ps. 143 i.A. (EG 755); **AT.** Jer. 31,31–34; **EvI; EvII; EvIII: I:** Mt. 27,31–44; 27,45–50; 27,51–66; **II:** Mk. 15,20–32; 15,33–37; 15,38–47; **III:** Lk. 23,26–38; 23,39–46; 23,47–56; **IV:** Joh. 19,16b–22; 19,23–30; 19,31–42

1990 Kurt Scharf †

Beginn Sommerzeit

29 Montag

1824 Hans Nielsen Hauge †

Röm. 5,6–11;
Mt. 26,6–13 oder Mt. 26,6–27,56
F. Lk. 22,63–71
L. Sach. 14,9; Offb. 22,3–4

30 Dienstag

1858 Johannes Evangelista Goßner †

Hiob 38,1–11; (40,1–5);
Mk. 15,1–20 oder Mk. (14,17–72)15,1–41
F. Lk. 23,1–12
L. Jes. 9,5; 2. Petr. 1,17

260 Akazius v. Melitene †

Mittwoch 31

Jes. 26,20–21; *Lk. 22,1–6 oder 22,1–23,49*
F. Lk. 23,13–25
L. Spr. 23,17; Lk. 23,34

Gründonnerstag 1

weiß

Er hat ein Gedächtnis gestiftet seiner Wunder, der gnädige und barmherzige HERR. (Ps. 111,4)

I: 1. Kor. 11,(17–22)23–26(27–29.33–34a) (Ep) ▪ **II:** 2. Mose 12,1–4(5)6–8(9)10–14 (AT) ▪ **III:** **Mt. 26,17–30** ▪ **IV:** 1. Kor. 10,16–17 ▪ **V:** Lk. 22,39–46 ▪ **VI:** Joh. 13,1–15.34–35 (Ev) ▪ **Ps:** 111,1–10 ▪ **WT:** 2. Mose 24,1–11; Mk. 14,17–26; Hebr. 2,10–18 ▪ **Morgenlese:** Lk. 22,7–13 ▪ **A:** Mt. 26,36–46

F. Lk. 23,26–31 ▪ **L.** Hiob 33,13–14; Joh. 18,20–21

Lieder: Das Wort geht von dem Vater aus (EG 223);
Ich bin das Brot, lade euch ein (EG.E 11)

1859 Amalie Sieveking †
1957 Vereinigung Innere Mission u. Ev. Hilfswerk zum Diakonischen Werk

Christus ist Bild des unsichtbaren Gottes, der Erstgeborene der ganzen Schöpfung. *(Kol. 1,15)*

2 Karfreitag

ohne (schwarz)

Also hat Gott die Welt geliebt, dass er seinen eingeborenen Sohn gab, auf dass alle, die an ihn glauben, nicht verloren werden, sondern das ewige Leben haben. (Joh. 3,16)

I: Joh. 19,16–30 (Ev) ▪ **II:** 2. Kor. 5,(14b–18)19–21 (Ep) ▪ **III:** **Jes. 52,13–15; 53,1–12** (AT) ▪ **IV:** Lk. 23,32–49 ▪ **V:** Kol. 1,13–20 ▪ **VI:** Mt. 27,33–54 ▪ **Ps:** 22,2–9.12.16.19–20 ▪ **WT:** 3. Mose 16,20–22; Hos. 5,15b–6,6; Hebr. 9,15.26b–28 ▪ **A:** Joh. 19,31–42

K. Am Tag wird's Nacht: Kreuzigung (Lk. 23,32–49) ▪ **F.** Lk. 23,32–49 ▪ **L.** Ps. 147,14; Eph. 2,14

Lieder: O Haupt voll Blut und Wunden (EG 85); In einer fernen Zeit (EG.E 4)

1910 Friedrich v. Bodelschwingh d. Ä. †

Karsonnabend 3

ohne (schwarz)

I: Jona 2,1–11 ▪ **II:** Mt. 27,(57–61)62–66 (Ev) ▪ **III: 1. Petr. 3,18–22** (Ep) ▪ **IV:** Hes. 37,1–14 (AT) ▪ **V:** Joh. 19, (31–37)38–42 ▪ **VI:** Hebr. 9,11–12.24 ▪ **Ps.** 88,2–7.11–13 oder Jona 2,3–10 (EG.E 76 oder 115) ▪ **A:** Mt. 12,38–42

F. Lk. 23,50–56 ▪ **L.** Ps. 105,7; 1. Petr. 3,18

Lieder: O Traurigkeit, o Herzeleid (EG 80); Du Schöpfer aller Wesen (EG 485)

In der Osternacht weiß (gold)

Christus spricht: Ich war tot, und siehe, ich bin lebendig von Ewigkeit zu Ewigkeit und habe die Schlüssel des Todes und der Hölle. (Offb. 1,18)

I: 1. Thess. 4,13–18 ▪ **II:** 2. Tim. 2,8–13 ▪ **III: Mt. 28,1–10** (Ev) ▪ **IV:** Kol. 3,1–4 (Ep) ▪ **V:** Jes. 26,13–14(15–18)19 (AT) ▪ **VI:** Joh. 5,19–21 ▪ **Ps.** 118,14–24 (EG.E 97) ▪ **Hv:** Lk. 24,6a.34

Lieder: Korn, das in die Erde (EG 98); Christ ist erstanden (EG 99)

1769 Gerhard Tersteegen †
1953 Katharina Staritz †

4 Ostersonntag

weiß (gold)

Christus spricht: Ich war tot, und siehe, ich bin lebendig von Ewigkeit zu Ewigkeit und habe die Schlüssel des Todes und der Hölle. (Offb. 1,18)

I: Joh. 20,11–18 ▪ **II:** 1. Kor. 15,(12–18)19–28 ▪ **III: 2. Mose 14,8–14.19–23.28–30a; 15,20–21** ▪ **IV:** Mk. 16,1–8 (Ev) ▪ **V:** 1. Kor. 15,1–11 (Ep) ▪ **VI:** 1. Sam. 2,1–8a (AT) ▪ **Ps:** 118,14–24 (EG.E 97) ▪ **Hv:** Ps. 118,24; Lk. 24,6a.34 ▪ **WT:** Hld. 3,1–5; Mt. 28,1–10; Lk. 24,1–12; Joh. 20,1–10; 1. Kor. 5,7–8 ▪ **A:** 1. Kor. 15,42–49

K. Erzählt es den Jüngern (Mt. 28,1–10) ▪ **F.** Lk. 24,1–12 ▪ **L.** 2. Mose 33,14; Joh. 14,19

Lieder: Christ lag in Todesbanden (EG 101); Wir stehen im Morgen (EG.E 5)

397 Ambrosius v. Mailand †
1968 Martin Luther King †

Ostermontag 5

weiß (gold)

Christus spricht: Ich war tot, und siehe, ich bin lebendig von Ewigkeit zu Ewigkeit und habe die Schlüssel des Todes und der Hölle. (Offb. 1,18)

I: Jes. 25,6–9 (AT) ▪ **II:** Lk. 24,36–45 ▪ **III: Offb. 5,6–14** ▪ **IV:** Jona 2,(1–2)3–10(11) ▪ **V:** Lk. 24,13–35 (Ev) ▪ **VI:** 1. Kor. 15,50–58 (Ep) ▪ **Ps:** 118,14–24 (EG.E 97) ▪ **Hv:** Ps. 118,24; Lk. 24,6a.34 ▪ **WT:** Apg. 10,34a.36–43; Apg. 13,30–33.38–39 ▪ **A:** Apg. 2,22–32

K. Erzählt es den Jüngern (Mt. 28,1–10) ▪ **F.** Lk. 24,13–35 ▪ **L.** Am. 3,6; Lk. 24,26

Lieder: Wir wollen alle fröhlich sein (EG 100); Er ist erstanden, Halleluja (EG 116)

1553 Anton Corvinus †
1693 Christian Scriver †
1922 Pandita Ramabei Sarasvati †

6 Dienstag

1. Kor. 15,12–19 und Joh. 20,1–10;
Apg. 3,12–20(21)
F. Lk. 24,36–49
L. Hiob 5,11; 2. Kor. 1,3–4

912 Notker †
1528 Albrecht Dürer †
1966 Emil Brunner †

7 Mittwoch

1. Kor. 15,20–28 und Joh. 20,11–18;
Apg. 13,16a.26–31
F. Lk. 24,50–53
L. Jes. 53,12; Lk. 6,28

1546 Friedrich Myconius †
1881 Johann Hinrich Wichern †
1918 Albert Hauck †

(Orth.: Mariä Verkündigung)

1586 Martin Chemnitz †

Donnerstag 8

1. Kor. 15,20–34 und Joh. 21,1–14;
Apg. 13,32–39
F. Kol. 1,1–14
L. 1. Mose 3,9–10; Hebr. 4,13

1727 Thomas v. Westen †
1945 Dietrich Bonhoeffer †

Freitag 9

1. Kor. 5,5b–8 und Lk. 24,36–47;
Apg. 26,19–23
F. Kol. 1,15–23
L. Jes. 43,1; Röm. 8,31

10 Sonnabend

1812 Carl Christian Erhard Schmid †

2. Tim. 2,8–13 und Lk. 24,1–12
F. Kol. 1,24–29
L. Ps. 71,9; 2. Kor. 4,16

Quasimodogeniti 11
1. Sonntag nach Ostern

weiß

Gelobt sei Gott, der Vater unseres Herrn Jesus Christus, der uns nach seiner großen Barmherzigkeit wiedergeboren hat zu einer lebendigen Hoffnung durch die Auferstehung Jesu Christi von den Toten. (1. Petr. 1,3)

I: 1. Petr. 1,3–9 (Ep) ▪ **II:** Jes. 40,26–31 (AT) ▪ **III:** **Joh. 21,1–14** ▪ **IV:** Kol. 2,12–15 ▪ **V:** 1. Mose 32,23–32 ▪ **VI:** Joh. 20,19–20(21–23)24–29 (Ev) ▪ **Ps:** 116,1–9.13 (EG.E 96) ▪ **Hv:** Ps. 126,3; Lk. 24,6a.34 ▪ **WT:** Mk. 16,9–20; Joh. 17,9–19 ▪ **Va:** Joh. 12,44–50 ▪ **A:** Gal. 3,26–29

K. Erzählt es aller Welt (Mt. 28,16–20) ▪ **F.** Ps. 116 ▪ **L.** Ps. 62,11; Mt. 6,21

Lieder: Mit Freuden zart (EG 108); Der schöne Ostertag (EG 117)

1648 Matthäus Apelles v. Löwenstern †
1984 Hildegard Schaeder †

(Kath.: Weißer Sonntag)

12 Montag ●

um 1217 Petrus Waldus
1886 Bethel-Mission

Jes. 42,10–16; *1. Joh. 5,1–5*
F. Kol. 2,1–7
L. Jer. 33,9; Lk. 2,29–32

13 Dienstag

1577 Konrad Hubert †
1598 Edikt von Nantes
1994 Kurt Aland †

(Islam.: Beginn des Ramadan)

(Islam.: Fastenbrechenfest, 13. bis 15.5.)

Hiob 42,7–13(14–17); Mk. 16,14–20
F. Kol. 2,8–15
L. Jer. 4,14; Lk. 3,8

1684 Johannes Olearius †

Mittwoch **14**

1. Petr. 1,22–25; *Jes. 66,6–13(14)*
F. Kol. 2,16–23
L. Esra 6,22; Lk. 10,20

1659 Simon Dach †
1892 Karoline Fliedner †
1983 Corrie ten Boom †

Donnerstag **15**

Sir. 17,27–18,7 oder Jes. 45,9–13; *1. Petr. 2,1–10*
F. Kol. 3,1–4
L. Ps. 5,12; Apg. 13,52

16 Freitag

1521 Luther auf dem Reichstag zu Worms
1929 Sundar Singh †

Joh. 17,9–19; *Offb. 7,13–17*
F. Kol. 3,5–11
L. 5. Mose 18,10.12; Eph. 5,9–11

17 Sonnabend

1529 Ludwig von Berquin †

Apg. 8,26–39
F. Kol. 3,12–17
L. Ps. 19,9; Kol. 3,16

Miserikordias Domini 18
2. Sonntag nach Ostern

weiß

Christus spricht: Ich bin der gute Hirte. Meine Schafe hören meine Stimme, und ich kenne sie und sie folgen mir; und ich gebe ihnen das ewige Leben. (Joh. 10,11a.27–28a)

I: Joh. 10,11–16(27–30) (Ev) ▪ **II:** 1. Petr. 2,21b–25 (Ep) ▪ **III:** **Hes. 34,1–2(3–9)10–16.31** (AT) ▪ **IV:** Joh. 21,15–19 ▪ **V:** 1. Petr. 5,1–4 ▪ **VI:** 1. Mose 16,1–16 ▪ **Ps:** 23,1–6 (EG.E 40) ▪ **Hv:** Ps. 100,3b; Lk. 24,6a.34 ▪ **WT:** Sir. 18,7–14; Joh. 10,1–11; Apg. 20,17–32(33–38); Hebr. 13,20–21 ▪ **Va:** Jes. 43,14–21 ▪ **A:** Sir. 18,8–14 oder 4. Mose 17,16–26

K. Am Bach Krit – Elia wird von Gott versorgt (1. Kön. 16,29–33; 17,1–6) ▪ **F.** Ps. 23 ▪ **L.** 2. Sam. 7,18; 1. Kor. 15,10

Lieder: Der Herr ist mein getreuer Hirt (EG 274); Es kennt der Herr die Seinen (EG 358)

um 180 Apollonius †

19 Montag

1529 Protestation zu Speyer
1560 Philipp Melanchthon †
1956 Arno Pötzsch †

4. Mose 27,(12–14)15–23; *Joh. 10,1–10*
F. Kol. 3,18–4,1
L. Ps. 37,23–24; Röm. 8,37

20 Dienstag ◐

1558 Johannes Bugenhagen †

1. Kor. 4,9–16; *Mt. 9,35–10,1*
F. Kol. 4,2–6
L. 1. Mose 9,9–10.11; Kol. 1,23

1109 Anselm v. Canterbury †

(Jüd.: Jom ha-Schoa)

Mittwoch 21

Joh. 17,20–26; Jer. 3,14–18
F. Kol. 4,7–18
L. Jes. 48,10; Lk. 6,22–23

1934 Bekenntnisgemeinschaft der Deutschen Evangelischen Kirche

Donnerstag 22

Eph. 4,11–16; Mt. 26,30–35
F. Dan. 1,1–21
L. Ps. 34,6; Röm. 12,12

23 Freitag

Hes. 34,23–31; Apg. 20,17–285
F. Dan. 2,1–23
L. Jes. 7,4; 1. Kor. 16,13

997 Adalbert v. Prag †
1529 Luthers Großer Katechismus
1945 Friedrich Justus Perels †
1955 Ernst J. Christoffel †
1960 Toyohiko Kagawa †

24 Sonnabend

Joh. 14,1–6
F. Dan. 2,24–49
L. Jes. 42,6.7; Mk. 10,49

1570 Johann Walter †
1769 Philipp Friedrich Hiller †

Jubilate 25
3. Sonntag nach Ostern

weiß

Ist jemand in Christus, so ist er eine neue Kreatur; das Alte ist vergangen, siehe, Neues ist geworden. (2. Kor. 5,17)

I: Spr. 8,22–36 ▪ **II:** Joh. 15,1–8 (Ev) ▪ **III:** **Apg. 17,22–34** (Ep) ▪ **IV:** 1. Mose 1,1–4a(4b–25)26–28(29–30)31a(31b); 2,1–4a (AT) ▪ **V:** Joh. 16,16–23a ▪ **VI:** 2. Kor. 4,14–18 ▪ **Ps:** 66,1–9 (EG.E 63) ▪ **Hv:** Ps. 150,1a.6; Lk. 24,6a.34 ▪ **WT:** Jes. 43,14–21; Hes. 47,1–12; 1. Joh. 5,1–4 ▪ **Va:** 1. Mose 1,1–5 ▪ **A:** 1. Mose 1,6–8

K. Auf dem Berg Karmel – Gott siegt durch Elia (1. Kön. 18,1–2a.17–46) ▪ **F.** Ps. 67 ▪ **L.** Ps. 48,15; Phil. 1,6

Lieder: Die ganze Welt, Herr Jesu Christ (EG 110); Gott gab uns Atem (EG 432)

25.4.: Tag des Evangelisten Markus rot (weiß)

Christus spricht: Geht hin in alle Welt und predigt das Evangelium aller Kreatur. (Mk. 16,15b)

I/IV: Mk. 1,1–4.14–15 (Ev) ▪ **II/V:** Apg. 15,36–41 (Ep) ▪ **III/VI:** Jes. 52,7–10 (AT) ▪ **Ps:** 57,2–6.8–12 (EG.E 61) ▪ **Hv:** Ps. 33,1 ▪ **WT:** Lk. 10,1–9 ▪ **Va:** Lk. 10,1–9

Lieder: Herr, mach uns stark, im Mut der dich bekennt (EG 154); Ich lobe dich von ganzer Seelen (EG 250)

1901 Fritz Fliedner †

Tag des Evangelisten Markus

26 Montag

Nach 220 Tertullian †

Reaktorunglück von Tschernobyl

Röm. 1,18–25; 1. Mose 1,9–13
F. Dan. 3,1–30
L. Sach. 14,7; 1. Joh. 1,5

27 Dienstag ○

Um 254 Origenes †
2003 Dorothee Sölle †

1. Tim. 4,(1–3)4.5; 1. Mose 1,14–19
F. Dan. 5,1–30
L. Jes. 41,9; Röm. 11,1

1967 Friedrich Heiler †

Mittwoch **28**

Joh. 8,31–36; 1. Mose 1,20–23
F. Dan. 6,1–29
L. Hos. 11,3; 2. Petr. 3,15

1380 Katharina v. Siena †
1541 Johannes Gramann †
1972 Harald Poelchau †

Donnerstag **29**

Röm. 8,7–11; 1. Mose 1,24–31
F. Dan. 7,1–15
L. 2. Mose 32,11.12; 1. Joh. 2,1

30 Freitag

Joh. 19,1–7; 1. Mose 1,24–31
F. Dan. 7,16–28
L. Jes. 9,6; Apg. 10,36

1736 Johann Albert Fabricius †
1958 Aktion Sühnezeichen gegründet

(Orth.: Karfreitag)

(Sonnabend) **Maifeiertag** 1

1873 David Livingstone †

Offb. 22,1–5
F. Dan. 8,1–27
L. Ps. 9,19; Lk. 14,21

Öffne deinen Mund für den Stummen, für das Recht aller Schwachen! *(Spr. 31,8)*

2 Kantate
4. Sonntag nach Ostern

weiß

Singet dem HERRN ein neues Lied, denn er tut Wunder. (Ps. 98,1)

I: Apg. 16,23–34 ▪ **II:** 2. Chr. 5,2–5(6–11)12–14 ▪ **III:** **Lk. 19,37–40** (Ev) ▪ **IV:** Kol. 3,12–17 (Ep) ▪ **V:** 1. Sam. 16,14–23 (AT) ▪ **VI:** Offb. 15,2–4 ▪ **Ps:** 98,1–9 (EG.E 84) ▪ **Hv:** Ps. 66,1.2; Lk. 24,6a.34 ▪ **WT:** 2. Mose 15,20–21; Jes. 57,15–19; Tob. 13,1–5.8; Mt. 21,14–17 ▪ **Va:** Jes. 12,1–6 ▪ **A:** 2. Mose 15,(1–11)19–21

K. Am Berg Horeb – Elia begegnet Gott (1. Kön. 19,1–16) ▪ **F.** Ps. 45 ▪ **L.** 5. Mose 32,46.47; Joh. 6,63

Lieder: Du meine Seele, singe (EG 302); Ich sing dir mein Lied (EG.E 19)

3.5.: Tag der Apostel Philippus und Jakobus des Jüngeren rot

Wie lieblich sind auf den Bergen die Füße des Freudenboten, der da Frieden verkündigt, Gutes predigt, Heil verkündigt, der da sagt zu Zion: Dein Gott ist König! (Jes. 52,7)

I/IV: Jes. 30,15–22 (AT) ▪ **II/V:** Joh. 14,(1–7)8–13 (Ev) ▪ **III/VI:** 1. Kor. 4,9–15 (Ep) ▪ **Ps:** 37,3–11 (EG.E 52) ▪ **Hv:** Ps. 33,1

Lieder: Die Kirche steht gegründet (EG 264); Die Heiligen, uns weit voran (EG.E 27)

---

373 Athanasius †

(Orth.: Ostersonntag)

1561 Nikolaus Herman †
1728 Beginn der Losungen in Herrnhut

Tag der Apostel Philippus und Jakobus des Jüngeren

◑ Montag 3

Spr. 8,22–32(33–36);
Jak. 1,17–25(26.27)
F. Dan. 9,1–19
L. 2. Sam. 22,19–20; Mt. 9,9

1521 Luther auf der Wartburg
1673 Michael Schirmer †

Dienstag 4

Jos. 6,1–5.15–20; *Röm. 15,14–21*
F. Dan. 9,20–27
L. Ps. 138,3; Röm. 10,12

5 Mittwoch

Mt. 11,25–30; 2. Sam. 6,12–16.20–22
F. Dan. 10,1–21
L. Jer. 27,5; Mt. 5,5

1038 Godehard v. Hildesheim †
1525 Friedrich der Weise v. Sachsen †
1553 Erasmus Alberus †

6 Donnerstag

1. Kor. 14,6–9.15–19;
Neh. 12,27–31.38.40.42b–43
F. Dan. 12,1–13
L. Ps. 145,15–16; Lk. 12,22–24

1975 Kardinal Mindszenty †

973 Otto d. Große †
1999 Schalom Ben-Chorin †

Freitag **7**

Offb. 5,11–14; Mt. 21,1(2.13)14–17
F. Spr. 25,11–28
L. Ps. 25,5; 1. Joh. 5,15

---

390 Gregor v. Nazianz (Gedenktag) († 25.1.390)
1945 Ende des Zweiten Weltkrieges in Europa

Tag der Befreiung vom Nationalsozialismus

Sonnabend **8**

Joh. 6,(60–62) 63–69
F. Spr. 26,1–17
L. Ps. 44,27; Lk. 17,21

9 Rogate
5. Sonntag nach Ostern

weiß

Gelobt sei Gott, der mein Gebet nicht verwirft noch seine Güte von mir wendet. (Ps. 66,20)

I: Joh. 16,23b–28(29–32)33 ▪ **II:** Mt. 6,5–15 ▪ **III: Sir. 35,16–22a oder Dan. 9,4–5.16–19** ▪ **IV:** Lk. 11,(1–4)5–13 (Ev) ▪ **V:** 1. Tim. 2,1–6a (Ep) ▪ **VI:** 2. Mose 32,7–14 (AT) ▪ **Ps:** 95,1–7a (EG.E 81) ▪ **Hv:** Ps. 66,20; Lk. 24,6a.34 ▪ **WT:** 1. Mose 18,16–33; Sir. 34,28–31; Kol. 4,2–4 ▪ **Va:** Mk. 9,14–29 ▪ **A:** Kol. 4,2–6

K. Nabots Weinberg – Elia tritt für Gottes Gerechtigkeit ein (1. Kön. 21) ▪ **F.** Ps. 1 ▪ **L.** 5. Mose 33,27; Lk. 1,50

Lieder: Vater unser im Himmelreich (EG 344);
Unser Vater (Bist zu uns wie ein Vater) (EG.E 9)

1760 Nikolaus Graf v. Zinzendorf †

Muttertag

Europatag

Missionssonntag

1527 Johann Hüglin †

Montag **10**

1. Mose 18,16–33; *Mk. 1,32–39*
F. Spr. 27,1–7
L. Spr. 1,7; Kol. 2,3

1621 Johann Arndt †
Pankratius

● Dienstag **11**

2. Mose 17,8–13; *Lk. 18,1–8*
F. Spr. 28,12–28
L. 5. Mose 10,14; Offb. 14,7

12 Mittwoch

Joh. 14,7–14
F. Spr. 29,1–18
L. Ps. 91,1–2; 1. Joh. 5,14

304 Pankratius

Mamertus

3. Ökumenischer Kirchentag in Frankfurt a. M. (12. bis 16.5., „schaut hin“, Mk. 6,38)

Christi Himmelfahrt 13

weiß (gold)

Christus spricht: Wenn ich erhöht werde von der Erde, so will ich alle zu mir ziehen. (Joh. 12,32)

I: 1. Kön. 8,22–24.26–28 (AT) ▪ **II:** Joh. 17,20–26 ▪ **III:** **Eph. 1,(15–20a)20b–23** ▪ **IV:** Dan 7,1–3(4–8)9–14 ▪ **V:** Lk. 24,(44–49)50–53 (Ev) ▪ **VI:** Apg. 1,3–11 (Ep) ▪ **Ps:** 47,2–10 ▪ **Hv:** Ps. 110,1; Ps. 118,16 ▪ **WT:** 2. Kön. 2,1–18; Offb. 1,4–8; Offb. 4,1–11 ▪ **Va:** Eph. 6,18–20(21.22)23.24 ▪ **A:** Offb. 4,1–11

K. Lebensgeist: Gottes Geist erweckt zum Leben (1. Mose 1,2; 1. Mose 2,4b–7) ▪ **F.** Ps. 47 ▪ **L.** Zef. 3,19; Apg. 1,6–8

Lieder: Jesus Christus herrscht als König (EG 123);
Wir feiern deine Himmelfahrt (EG.E 6)

1843 Hans Ernst Freiherr von Kottwitz †
1972 Hanna Jursch †

Servatius

14 Freitag

Eph. 4,7–10; *Joh. 18,33–38*
F. Spr. 30,1–19
L. Ps. 103,19; Offb. 19,6–7

346 Pachomius
1565 Nikolaus v. Amsdorf †

Bonifatius

15 Sonnabend

Eph. 1,15–23
F. Spr. 31,1–9
L. Klgl. 3,26; 2. Thess. 3,5

1525 Thomas Müntzers Niederlage in Frankenhausen/Thür.
1529 Reformation in Hamburg
1548 Augsburger Interim

Sophie

Exaudi 16
6. Sonntag nach Ostern

weiß

Christus spricht: Wenn ich erhöht werde von der Erde, so will ich alle zu mir ziehen. (Joh. 12,32)

I: Eph. 3,14–21 (Ep) ▪ **II:** Jer. 31,31–34 (AT) ▪ **III: Joh. 7,37–39** ▪ **IV:** Röm. 8,26–30 ▪ **V:** 1. Sam. 3,1–10 ▪ **VI:** Joh. 16,5–15 (Ev) ▪ **Ps:** 27,1.7–14 ▪ **Hv:** Ps. 47,9; Lk. 24,6a.34 ▪ **WT:** Jes. 41,8–14; Mt. 10,16–20; Joh. 14,15–19; Joh. 15,26–16,4 ▪ **Va:** Joh. 15,26–16,4 ▪ **A:** Sach. 8,20–23

K. Lebensgeist: Gottes Geist erweckt zum Leben (1. Mose 1,2; 1. Mose 2,4b–7) ▪ **F.** Ps. 27 ▪ **L.** Ps. 90,10; 2. Thess. 2,16–17

Lieder: Heilger Geist, du Tröster mein (EG 128);
O komm, du Geist der Wahrheit (EG 136)

1553 Die Fünf Märtyrer von Lyon †

17 Montag

1918 Julius Wellhausen †

(Jüd.: Schawuoth)

Hes. 11,14–20; 1. Kor. 12,1–3
F. Apg. 1,1–14
L. 1. Mose 39,23; 1. Kor. 3,6

18 Dienstag

1627 Valerius Herberger †
1966 Paul Althaus †

Jes. 41,8–14(17–20); Lk. 21,12–19
F. Apg. 1,15–26
L. Ps. 111,4; Lk. 24,30–31

804 Alkuin †
1525 Luthers „Messe deutsch“ gedruckt
1938 Adolf Schlatter †

◐ Mittwoch **19**

Lk. 12,8–12; *Jes. 32,11–18*
F. Apg. 2,1–13
L. Ps. 98,1; Kol. 3,16

325 Konzil von Nizäa (bis 25.8.)

Donnerstag **20**

Apg. 1,12–26; Kol. 1,1–8
F. Apg. 2,14–21
L. Neh. 9,5; Eph. 5,19

21 Freitag

Joh. 19,25–27; Hebr. 8,1–6.10
F. Apg. 2,22–28
L. Neh. 1,6; Jak. 5,16

1536 Reformation in Genf
1690 John Eliot †
1868 Samuel Hebich †

337 Konstantin der Große †
1919 Marion v. Klot †

Sonnabend **22**

Sach. 4,1–14
F. Apg. 2,29–36
L. 2. Sam. 7,28; Hebr. 4,12

23 Pfingstsonntag

rot

Es soll nicht durch Heer oder Kraft, sondern durch meinen Geist geschehen, spricht der HERR Zebaoth. (Sach. 4,6b)

I: Joh. 14,15–19(20–23a)23b–27 (Ev) ▪ **II:** Apg. 2,1–21 (Ep) ▪ **III:** **1. Mose 11,1–9** (AT) ▪ **IV:** Röm. 8,1–2(3–9)10–11 ▪ **V:** 1. Kor. 2,12–16 ▪ **VI:** Hes. 37,1–14 ▪ **Ps:** 118,24–29 (EG.E 98) ▪ **Hv:** Ps. 104,30 ▪ **WT:** 2. Mose 19 i.A.; Jes. 44,1–5; Ps. 119,89–105; 1. Kor. 12,12–14.26–27; 2. Kor. 3,(12–16)17–18 ▪ **Va:** Joh. 7,37–39 ▪ **A:** Hes. 36,23–28

K. Hoffnungsgeist: Gottes Geist bringt frischen Wind (Apg. 2,1–4 (5–18) ▪ **F.** Apg. 2,37–41 ▪ **L.** Dan. 4,31–32; Tit. 3,6–7

Lieder: Komm, Gott Schöpfer, Heiliger Geist (EG 126);
Atme in uns, Heiliger Geist (EG.E 7)

1918 Ludwig Nommensen †

Pfingstmontag 24

rot

Es soll nicht durch Heer oder Kraft, sondern durch meinen Geist geschehen, spricht der HERR Zebaoth. (Sach. 4,6b)

I: Mt. 16,13–19 ▪ **II:** Joh. 20,19–23 (Ev) ▪ **III: 1. Kor. 12,4–11** (Ep) ▪ **IV:** 4. Mose 11,11–12.14–17.24.25(26–30) (AT) ▪ **V:** Joh. 4,19–26 ▪ **VI:** Eph. 4,(1–6)11–15(16) ▪ **Ps:** 118,24–29 (EG.E 98) ▪ **Hv:** Ps. 104,30 ▪ **WT:** Hes. 36,22–28; Joel 3,1–5; Weish. 9,1–18; Apg. 2,22–23.32–33.36–39 ▪ **A:** 4. Mose 11,26–30

K. Hoffnungsgeist: Gottes Geist bringt frischen Wind (Apg. 2,1–4(5–18) ▪ **F.** Apg. 2,42–47 ▪ **L.** Ps. 34,15; 1. Kor. 7,15

Lieder: Freut euch, ihr Christen alle (EG 129); Strahlen brechen viele (EG 268)

1592 Nikolaus Selnecker †

25 Dienstag

Apg. 4,23–31; 1. Kor. 14,1–5.37–40.
F. Apg. 3,1–10
L. Ps. 86,5; Lk. 11,1

1577 Konkordienformel
1922 Deutscher Evangelischer Kirchenbund in Wittenberg

26 Mittwoch ○

Apg. 8,(9–11)12–25; Eph. 1,11–14
F. Apg. 3,11–16
L. Pred. 3,14; Röm. 11,29

604 Augustin von Canterbury †
735 Beda der Ehrwürdige †
1521 Reichsacht über Luther (datiert v. 8.5.)

1525 Thomas Müntzer †
1564 Johannes Calvin †
1676 Paul Gerhardt †

Donnerstag **27**

Apg. 11,1–18; 1. Joh. 4,1–6
F. Apg. 3,17–26
L. Jos. 14,8; Offb. 3,11–12

1877 Karl Mez †
1981 Kardinal Stefan Wyszynski †

Nacht der Offenen Kirchen

Europäischer Tag der Nachbarn

Amnesty-International-Tag

Freitag **28**

Apg. 11,19–26; Gal. 3,1–5
F. Apg. 4,1–12
L. Mi. 7,9; Apg. 9,17

29 Sonnabend

1934 Bekenntnissynode von Barmen (bis 31.5.)

Apg. 18,1–11
F. Apg. 4,13–22
L. Ps. 48,9; Eph. 2,22

Trinitatis 30

weiß

Die Gnade unseres Herrn Jesus Christus und die Liebe Gottes und die Gemeinschaft des Heiligen Geistes sei mit euch allen. (2. Kor. 13,13)

I: 2. Kor. 13,11–13 ▪ **II:** 4. Mose 6,22–27 ▪ **III: Joh. 3,1–8(9–13)** (Ev) ▪ **IV:** Röm. 11,(32)33–36 (Ep) ▪ **V:** Jes. 6,1–8(9–13) (AT) ▪ **VI:** Eph. 1,3–14 ▪ **Ps:** 113 ▪ **Hv:** Ps. 150,2 ▪ **WT:** Jes. 44,21–23; Sir. 1,1–10; Joh. 14,7–14 ▪ **Va:** 1. Mose 15,7–18 ▪ **A:** 1. Mose 18, 1–3(4–7)8–15

K. Mutmachgeist: Geist des Vaters und des Sohnes (Mt. 3,13–17) ▪ **F.** Ps. 29 ▪ **L.** Ps. 92,5; Apg. 4,33

Lieder: Gelobet sei der Herr (EG 139); Brunn alles Heils, dich ehren wir (EG 140)

1416 Hieronymus v. Prag †
1714 Gottfried Arnold †
1968 Martin Noth †

31 Montag

1680 Joachim Neander †

2. Mose 3,13–20; 1. Kor. 8,1b–6
F. Apg. 4,23–31
L. Jes. 56,1; 2. Kor. 6,2

1 Dienstag

um 165 Justin der Märtyrer †
1797 Johann Friedrich Flattich †
1826 Johann Friedrich Oberlin †

Internationaler Kindertag

5. Mose 4,12–20; *Jes. 43,8–13*
F. Apg. 4,32–37
L. 1. Sam. 7,3; Lk. 16,13

Man muss Gott mehr gehorchen als den Menschen. *(Apg. 5,29)*

um 177 Blandina von Lyon †
1944 Hildegard Jacoby †

◑ Mittwoch 2

Sir. 1,1–10 oder Jer. 10,6–12;
Jes. 57,14–16
F. Apg.. 5,1–16
L. Jes. 55,3; Lk. 6,47–48

(Donnerstag) **Fronleichnam** 3

1115 Morandus †
1905 Hudson Taylor †

(Kath.: Fronleichnam)

Joh. 5,17–23; *2. Petr. 1,16–21*
F. Apg. 5,17–33
L. Ps. 125,2; 2. Thess. 3,16

4 Freitag

1935 Bekenntnissynode in Augsburg

Lk. 10,21–24; *Hebr. 2,(1–4)5–10*
F. Apg. 5,34–42
L. 2. Mose 19,6; Eph. 1,4

5 Sonnabend

754/755 Winfried/Bonifatius †
1977 Friedrich von Bodelschwingh †

Weltumwelttag

Eph. 4,1–6
F. Apg. 6,1–7
L. Ps. 106, 44–45; Lk. 1,54–55

1. Sonntag nach Trinitatis **6**

grün

Wer euch hört, der hört mich; und wer euch verachtet, der verachtet mich. (Lk. 10,16a)

I: Joh. 5,39–47 ▪ **II:** Apg. 4,32–37 ▪ **III: Jona 1,1–2,2(3–10)11** ▪ **IV:** Lk. 16,19–31 (Ev) ▪ **V:** 1. Joh. 4,(13–16a)16b–21 (Ep) ▪ **VI:** Jer. 23,16–29 (AT) ▪ **Ps:** 34,2–11 (EG.E 49) ▪ **Hv:** Ps. 119,144 ▪ **WT:** Sir. 41,1–4; 2. Tim. 3,14–17 ▪ **Va:** Am. 3,3–8 ▪ **A:** 1. Thess. 3,9–13

K. Gemeinschaftsgeist: Gottes Geist verbindet Menschen (1. Kor. 12,1–11) ▪ **F.** Ps. 3 ▪ **L.** Spr. 12,20; Mt. 5,9

Lieder: Von Gott will ich nicht lassen (EG 365);
Ich steh vor dir mit leeren Händen, Herr (EG 382)

1134 Norbert v. Xanten †
1883 Heinrich Schröder †
1968 Franklin Clark Frey †

7 Montag

1933 Ludwig Ihmels †

Neh. 5,1.2.5–13; *Röm. 12,9–16*
F. Apg. 6,8–15
L. Ps. 143,8; Mk. 1,35

8 Dienstag

1727 August Hermann Francke †
1917 Hermann Bezzel †

Lk. 6,27–35; 2. Kor. 1,23–2,4
F. Apg. 7,1–29
L. Jes. 60,17; Röm. 14,17

um 373 Ephräm der Syrer †

Mittwoch 9

Joh. 12,1–8; 2. Joh. 1–6
F. Apg. 7,30–53
L. Jer. 8,9; Hebr. 2,1

1877 Friedrich August Tholuck †
1930 Adolf v. Harnack †
1969 Bund der Evangelischen Kirchen in der Deutschen Demokratischen Republik

(Orth.: Himmelfahrt)

● Donnerstag 10

Joh. 21,15–19; Lk. 10,1–9 (10–12)16
F. Apg. 7,54–8,3
L. Ps. 119,10; 1. Joh. 5,3

11 Freitag

Lk. 22,24–27; *Joh. 15,9–17*
F. Apg. 8,4–25
L. Jes. 33,22; Lk. 9,20

um 70 Barnabas †

(Kath.: Herz-Jesu-Fest)

12 Sonnabend

1. Petr. 4,7–11
F. Apg. 8,26–40
L. Spr. 16,18; Lk. 6,41

1575 Renata von Ferrara †

(Kath.: Herz Mariä)

2. Sonntag nach Trinitatis **13**

grün

Kommt her zu mir, alle, die ihr mühselig und beladen seid; ich will euch erquicken. (Mt. 11,28)

I: Jes. 55,1–5 (AT) ▪ **II:** Mt. 11,25–30 ▪ **III:** **1. Kor. 14,1–12(23–25)** ▪ **IV:** Jona 3,1–10 ▪ **V:** Lk. 14,(15)16–24 (Ev) ▪ **VI:** Eph. 2,(11–16)17–22 (Ep) ▪ **Ps:** 36,6–10 (EG.E 51) ▪ **Hv:** Ps. 18,2b.3a ▪ **WT:** Mt. 22,1–14; Lk. 10,1–12; 1. Kor. 9,16–23 ▪ **Va:** Apg. 20,6–12 ▪ **A:** Mt. 10,1.5–10(11–15)

K. Sara und Hagar und ihre Jungs. Gott sieht (1. Mose 16,1–16) ▪ **F.** Ps. 13 ▪ **L.** Ps. 13,6; Jak. 5,13

Lieder: Kommt her, ihr seid geladen (EG 213); Komm, sag es allen weiter (EG 225)

1525 Luthers Hochzeit
1702 Isaak Le Febvre †
1760 Antoine Court †
1965 Martin Buber †

14 Montag

1066 Gottschalk der Wende †

Spr. 9,1–10; Jer. 31,8–14
F. Apg. 9,1–9
L. Klgl. 3,25; Hebr. 10,35

15 Dienstag

1125 Taufe der ersten Pommern
1520 Luther gebannt
1588 Georg Israel †

2. Mose 2,11–15(16–22)23–25; Lk. 1,5–25
F. Apg.. 9,10–19a
L. Ps. 66,20; Kol. 4,2

1361 Johannes Tauler †

Mittwoch **16**

1. Sam. 1,1–11; Mk. 1,40–45
F. Apg. 9,19b–31
L. Sach. 3,4; Eph. 2,5

1722 Aufbau von Herrnhut begonnen

Donnerstag **17**

Mt. 15,29–39; Sir. 51,23–30
F. Apg. 9,32–43
L. 5. Mose 28,12; 1. Petr. 2,3

18 Freitag ◐

1882 August H. Werner †

Lk. 23,39 43; *Joh. 6,37–40(41–46)*
F. Apg. 10,1–23
L. Ps. 60,13; 2. Thess. 3,3

19 Sonnabend

1884 Ludwig Richter †

Joh. 4,5–14(15–18)
F. Apg. 10,24–48
L. Mi. 2,1; Mt. 20,25–26

3. Sonntag nach Trinitatis **20**

grün

Der Menschensohn ist gekommen, zu suchen und selig zu machen, was verloren ist. (Lk. 19,10)

I: 1. Tim. 1,12–17 (Ep) ▪ **II:** Mi. 7,18–20 (AT) ▪ **III: Lk. 15,1–10** ▪ **IV:** Hes. 18,1–4.21–24.30–32 ▪ **V:** Jona 4,1–11 ▪ **VI:** Lk. 15,1–3.11b–32 (Ev) ▪ **Ps:** 103,1–13 (EG.E 87) ▪ **Hv:** Ps. 103,8 ▪ **WT:** Joh. 6,37–40 ▪ **Va:** 2. Mose 32,30–33,1 ▪ **A:** Jes. 43,22–25

K. Gott ist mit Isaak. Gott schenkt Lachen (1. Mose 18,1–15; 1. Mose 21,1–7) ▪ **F.** Ps. 103 ▪ **L.** Jes. 55,6; Kol. 2,9

Lieder: Jesus nimmt die Sünder an (EG 353);
Ich lobe meinen Gott, der aus der Tiefe mich holt (EG.E 17)

oder 24.6.: Tag der Geburt Johannes des Täufers weiß

25.6.: Gedenktag des Augsburger Bekenntnisses rot

Ich rede von deinen Zeugnissen vor Königen und schäme mich nicht. (Ps. 119,46)

I/IV: Mt. 10,26b–33 (Ev) ▪ **II/V:** 1. Tim. 6,11–16 (Ep) ▪ **III/VI:** Neh. 7,72c; 8,1–3.5–6.8–12 (AT) ▪ **Ps:** 46,2–12 (EG.E 56) ▪ **Hv:** Ps. 84,12

Lieder: Es ist das Heil uns kommen her (EG 342); Ist Gott für mich, so trete (EG 351)

1520 Luthers Brief an den christlichen Adel Deutscher Nation

(Orth.: Pfingsten)

Weltflüchtlingstag der UNO

21 Montag

Röm. 14,1–6; *1. Joh. 3,19–24*
F. Apg. 11,1–18
L. Jes. 12,3; Mt. 11,28

1788 Johann Georg Hamann †
1930 Eva von Tiele-Winckler †
1940 Hermann Stöhr †

Sommeranfang

22 Dienstag

Lk. 7,36–50; Phil. 1,12–18a
F. Apg. 11,19–30
L. Ps. 103,15–16.17; Röm. 5,2

431 Paulinus v. Nola †
1740 Toleranzedikt Friedrichs des Großen

1568 Argula v. Grumbach †

Mittwoch 23

GebMan. 1–7.11–16; *Joh. 5,1–16*
F. Apg. 12,1–25
L. Ps. 63,5; Kol. 1,11–12

○ Donnerstag 24
Tag der Geburt Johannes des Täufers

weiß

Dies ist das Zeugnis Johannes des Täufers:
Er muss wachsen, ich aber muss abnehmen. (Joh. 3,30)

I: Mt. 3,1–12 ▪ **II:** Mt. 11,11–19 ▪ **III:** **Lk. 1,(5–25)57–66.80** (Ev) ▪ **IV:** Apg. 19,1–7 (Ep) ▪ **V:** Jes. 40,1–8(9–11) (AT) ▪ **VI:** Joh. 3,22–30 ▪ **Ps:** 92,2–6.13–16 (EG.E 80) ▪ **Hv:** Ps. 97,11 ▪ **WT:** Mal. 3,13–24; Joh. 1,29–34; 1. Petr. 1,8–12 ▪ **Va:** Lk. 1,5–25 ▪ **A:** Joh. 1,6–15

F. Apg. 13,1–12 ▪ **L.** 2. Mose 34,9; Lk. 1,76–77

Lieder: Wir wollen singn ein' Lobgesang (EG 141);
Kam einst zum Ufer nach Gottes Wort und Plan (EG 312)

25 Freitag

Mt. 10,26–33; 2. Kön. 2,1.6–14(15)
F. Apg. 13,13–25
L. Ps. 91,4; Joh. 8,31–32

1530 Confessio Augustana
1580 Konkordienbuch veröffentlicht

Gedenktag der Augsburgischen Bekenntnisses

26 Sonnabend

Joh. 1,19–23
F. Apg. 13,26–43
L. Jes. 12,6; Lk. 19,37–38

um 400 Vigilius †
1529 Sieg der reform. Eidgenossen

4. Sonntag nach Trinitatis **27**

grün

Einer trage des andern Last, so werdet ihr das Gesetz Christi erfüllen. (Gal. 6,2)

I: Lk. 6,36–42 (Ev) ▪ **II:** Röm. 12,17–21 (Ep) ▪ **III:** **1. Mose 50,15–21** (AT) ▪ **IV:** Joh. 8,3–11 ▪ **V:** 1. Petr. 3,8–17 ▪ **VI:** 1. Sam. 24,1–20 ▪ **Ps:** 42,2–6 (EG.E 54) ▪ **Hv:** Ps. 92,2 ▪ **WT:** Röm. 14,(1–6)10–13; Jak. 1,(19–21)22–25; Jak. 3,13–18 ▪ **Va:** Sir. 28,1–7 oder Ri. 10,6–16 ▪ **A:** 2. Kor. 2,5–11

K. Gott ist mit Ismael. Gott erhört (1. Mose 21,8–21) ▪ **F.** Ps. 5 ▪ **L.** Ps. 147,5; Mk. 10,27

Lieder: Komm in unsre stolze Welt (EG 428); O Gott, du frommer Gott (EG 495)

oder 2.7.: Tag des Besuchs Marias bei Elisabeth (Heimsuchung) weiß

Als die Zeit erfüllt war, sandte Gott seinen Sohn, geboren von einer Frau und unter das Gesetz getan. (Gal. 4,4)

I/IV: 1. Tim. 3,16 (Ep) ▪ **II/V:** Jes. 11,1–5 (AT) ▪ **III/VI:** Lk. 1,39–48(49–55)56 (Ev) ▪ **Ps:** 113,1–9 (EG.E 95) ▪ **Hv:** Ps. 98,1a ▪ **WT:** 1. Sam. 2,1–10 ▪ **Va:** 1. Sam. 2,1–8(9.10)

Lieder: Mein Seel, o Herr, muss loben dich (EG 308);
Hoch hebt den Herrn mein Herz und meine Seele (EG 309)

29.6.: Tag der Apostel Petrus und Paulus rot

Mit großer Kraft bezeugten die Apostel die Auferstehung des Herrn Jesus, und große Gnade war bei ihnen allen. (Apg. 4,33)

I/IV: Jer. 16,16–21 (AT) ▪ **II/V:** Mt. 16,13–19 (Ev) ▪ **III/VI:** Gal. 2,2–10(11–21) (Ep) ▪ **Ps:** 22,23–29 (EG.E 39) ▪ **Hv:** Ps. 33,1 ▪ **WT:** Gal. 1,11–24; Eph. 2,19–22 ▪ **Va:** Eph. 2,19–22 ▪ **A:** 2. Tim. 4,1–8

Lieder: Herr, mach uns stark im Mut, der dich bekennt (EG 154);
Die Kirche steht gegründet (EG 264)

3.7. oder 21.12.: Tag des Apostels Thomas rot

1519 Leipziger Disputation
1654 Johann Valentin Andreä †

28 Montag

um 202 Irenäus †

Mt. 11,2–10; Eph. 2,19–22
F. Apg. 13,44–52
L. Mal. 3,17; Eph. 1,5

29 Dienstag

1945 Philipp Popp †

Tag der Apostel Petrus und Paulus

Gal. 2,2–10(11–21); *2. Tim. 4,1–8*
F. Apg. 14,1–20a
L. 2. Sam. 14,14; Lk. 5,30–31

64 Märtyrer unter Nero †
1139 Otto v. Bamberg, Apostel d. Pommern, †
1522 Johannes Reuchlin †
1947 Lutherischer Weltbund

Mittwoch **30**

Lk. 7,24–30; Apg. 13,15–25
F. Apg. 14,20b–28
L. Jes. 53,1; 1. Tim. 6,12

1523 Heinrich Voes und Jan van Esch †

◑ Donnerstag **1**

Joh. 5,31–38; 1. Sam. 2,1–8(9.10)
F. Apg. 15,1–12
L. Hos. 13,4; 1. Joh. 4,13–14

Gott ist nicht ferne von einem jeden unter uns. Denn in ihm leben, weben und sind wir. *(Apg. 17,27)*

2 Freitag

Lk. 23,20–26; *Phil. 2,1–5*
F. Apg. 15,13–35
L. Jes. 40,15; Offb. 21,3

1893 Georg Daniel Teutsch †

Tag des Besuchs Marias bei Elisabeth
(Kath.: Mariä Heimsuchung)

3 Sonnabend

Gal. 6,1–5
F. Apg. 15,36–16,5
L. Ps. 75,2; Apg. 17,27

1570 Aonio Paleario †

Tag des Apostels Thomas (3.7. oder 21.12.)

5. Sonntag nach Trinitatis **4**

grün

Aus Gnade seid ihr gerettet durch Glauben, und das nicht aus euch: Gottes Gabe ist es. (Eph. 2,8)

I: Mt. 9,35–10,1(2–4)5–10 ▪ **II:** Lk. 5,1–11 (Ev) ▪ **III:** **1. Kor. 1,18–25** (Ep) ▪ **IV:** 1. Mose 12,1–4a (AT) ▪ **V:** Joh. 1,35–51 ▪ **VI:** 2. Kor. (11,18.23b–30); 12,1–10 ▪ **Ps:** 73,1–3.8–10.23–26 ▪ **Hv:** Ps. 98,2 ▪ **WT:** 1. Kön. 19,19–21; Hes. 2,3–8a; Lk. 14,25–33; Röm. 16,1–16 ▪ **Va:** Hiob 28,12–15.20–28 ▪ **A:** Mt. 4,18–22

K. Vom Unkraut im Weizen. Geduld (Mt. 13,24–30) ▪ **F.** Ps. 7 ▪ **L.** Ps. 71,16; Eph. 2,10

Lieder: Wach auf, du Geist der ersten Zeugen (EG 241);
Jesus, der zu den Fischern lief (EG 313)

973 Ulrich von Augsburg †
1958 Birger Forell †
1985 Willem A. Visser't Hooft †

5 Montag

1975 Rudolf Smend †
1986 Lothar Kreyssig †

1. Sam. 3,1–18; Jer. 20,7–11
F. Apg. 16,6–15
L. 2. Mose 20,7; Lk. 11,2

6 Dienstag

1415 Johannes Hus †
1758 Johann Andreas Rothe †

Hes. 2,3–8a; 1. Thess. 2,1–8
F. Apg. 16,16–22
L. Jer. 29,7; Mt. 5,13

1531 Tilman Riemenschneider †

Mittwoch **7**

Mt. 8,18–22; *Gal. 1,13–24*
F. Apg. 16,23–40
L. Ps. 79,9; 1. Joh. 4,10

---

689 Kilian †
1681 Georg Neumark †
1936 Heinrich Coerper †

Donnerstag **8**

Apg. 15,4–12; Lk. 6,12–19
F. Apg. 17,1–15
L. Ps. 48,10; Apg. 3,1

9 Freitag

1677 Johann Scheffler (Angelus Silesius) †

Lk. 22,31–34; *Röm. 9,14–23(24–26)*
F. Apg. 17,16–34
L. Ps. 103,8; Gal. 5,22–23

10 Sonnabend ●

1509 Johannes Calvin *
1584 Wilhelm v. Oranien †

2. Kor. 12,1–10
F. Apg. 18,1–22
L. Ps. 106,1; Kol. 3,17

6. Sonntag nach Trinitatis 11

grün

So spricht der HERR, der dich geschaffen hat, Jakob, und dich gemacht hat, Israel: Fürchte dich nicht, denn ich habe dich erlöst; ich habe dich bei deinem Namen gerufen; du bist mein! (Jes. 43,1)

I: 1. Petr. 2,2–10 ▪ **II:** 5. Mose 7,6–12 ▪ **III:** **Mt. 28,16–20** (Ev) ▪ **IV:** Röm. 6,3–8(9–11) (Ep) ▪ **V:** Jes. 43,1–7 (AT) ▪ **VI:** Apg. 8,26–39 ▪ **Ps:** 139,1–12 (EG.E 108 oder 139,13–16.23–24 (EG.E 109) ▪ **Hv:** Ps. 22,23 ▪ **WT:** 1. Mose 7 und 8 i.A.; 2. Mose 14,8b–31 i.A.; 1. Petr. 3,18–22 ▪ **Va:** Mk. 1,9–15 ▪ **A:** 1. Mose 7,7–10; 8,(6–11)14–17

K. Vom Schatz und der Perle. Tatkraft (Mt. 13,44–46) ▪ **F.** Ps. 26 ▪ **L.** Jes. 56,7; Kol. 3,11

Lieder: Ich bin getauft auf deinen Namen (EG 200);
Ich sage Ja zu dem, der mich erschuf (EG.E 10)

1553 Moritz v. Sachsen †
1969 Friedrich Siegmund-Schultze †

12 Montag

1536 Erasmus v. Rotterdam †
1931 Nathan Söderblom †
1971 Gerhard Jacobi †

2. Mose 14,15–22; 1. Kor. 10,1–4(5–8)
F. Apg. 18,23–19,7
L. 1. Mose 13,8; Röm. 12,10

13 Dienstag

1024 Heinrich II. †
1948 Grundordnung der EKD

1. Mose 32,23–32(33); Joh. 7,37–44
F. Apg. 19,8–22
L. Ps. 3,3–4; Lk. 1,49

1850 August Neander †
1929 Karoline Utriainen †
1933 Verfassung der Deutschen Evangelischen Kirche

Mittwoch 14

Apg. 2,(32–35)36–40(41); *Apg. 16,23–24*
F. Apg. 19,23–40
L. Jes. 61,1; Gal. 5,1

1274 Johannes Bonaventura †

Donnerstag 15

Mt. 18,1–6; 1. Kor. 12,12–18
F. Apg. 20,1–16
L. 2. Mose 16,11–12; Hebr. 10,36

16 Freitag

Joh. 19,31–37; *1. Joh. 5,6–10*
F. Apg. 20,17–38
L. Ps. 142,6; Lk. 20,38

1054 Trennung von West- und Ostkirche
1546 Anna Askew †

17 Sonnabend ◐

Offb. 3,1–6
F. Apg. 21,1–14
L. Ps. 147,3; Mk. 16,2.4

180 Märtyrer von Scili †
1505 Luther tritt ins Augustiner-Kloster Erfurt ein
1756 Johann Friedrich Starck †

7. Sonntag nach Trinitatis **18**

grün

So seid ihr nun nicht mehr Gäste und Fremdlinge, sondern Mitbürger der Heiligen und Gottes Hausgenossen. (Eph. 2,19)

I: Joh. 6,30–35 ▪ **II:** Hebr. 13,1–3 ▪ **III: 1. Kön. 17,1–16** ▪ **IV:** Joh. 6,1–15 (Ev) ▪ **V:** Apg. 2,41–47 (Ep) ▪ **VI:** 2. Mose 16,2–3.11–18 (AT) ▪ **Ps:** 107,1–9 (EG.E 91) ▪ **Hv:** Ps. 113,3 ▪ **WT:** Lk. 9,10–17; Phil. 2,1–4; Offb. 19,1–10 ▪ **Va:** 1. Mose 14,17–20 ▪ **A:** 2. Kön. 4,38–44

K. Vom Schleppnetz. Hingabe (Mt. 13,47–50) ▪ **F.** Ps. 9 ▪ **L.** 2. Sam. 7,22; Offb. 1,17–18

Lieder: Nun lasst uns Gott, dem Herren (EG 320);
Brich dem Hungrigen dein Brot (EG 418)

22.7.: Tag der Maria Magdalena weiß

Gehet hin in alle Welt und predigt das Evangelium aller Kreatur (Mk 16,15b)

I/IV: Hld. 3,1–5 (AT) ▪ **II/V:** Joh. 20,11–18 (Ev) ▪ **III/VI:** 2. Kor. 5,14–18 (Ep) ▪ **Ps:** 30,5–13 (EG.E 44) ▪ **Hv:** Ps. 33,1 ▪ **WT:** Lk. 8,1–3 ▪ **Va:** Lk. 8,1–3

Lieder: Christus ist König, jubelt laut (EG 269); Die Heiligen, uns weit voran (EG.E 27)

1870 Vaticanum I (Unfehlbarkeitslehre)
1939 Paul Schneider †

19 Montag

64 Brand Roms

2. Chr. 30,13–22; *Joh. 6,47–51*
F. Apg. 21,15–26
L. Ps. 32,1; Kol. 1,14

20 Dienstag

um 307 Margareta †
1690 John Eliot †

(Islam.: Opferfest, 20. bis 22.7.)

Mt. 22,1–14; 1. Kor. 11,20–23a.26(28) oder 1. Kor. 11,26–29(30–32)33.34
F. Apg. 21,27–40
L. Ps. 91,14; 1. Joh. 3,21–22

Mittwoch 21

1827 Johannes Jänicke †

Lk. 14,7–14; *Apg. 10,(21–23)24–36*
F. Apg. 22,1–21
L. Spr. 3,11; Jak. 3,17

Donnerstag 22

1431 Konzil von Basel
1860 Moritz Bräuninger, Missionar, †

Tag der Maria Magdalena

1. Kor. 10,16.17; Lk. 5,27–32
F. Apg. 22,22–30
L. 5. Mose 6,11–12; 1. Joh. 3,17

23 Freitag

Lk. 22,14–20; Hebr. 9,1–10
F. Apg. 23,1–11
L. Ps. 119,148; Lk. 2,19

1373 Birgitta von Schweden †
1532 Nürnberger Religionsfriede
1933 Kirchenwahlen mit Sieg der „Deutschen Christen"

24 Sonnabend ○

Offb. 19,4–9
F. Apg. 23,12–35
L. 1. Mose 50,21; Eph. 4,29

um 250 Christophorus †

8. Sonntag nach Trinitatis **25**

grün

Wandelt als Kinder des Lichts; die Frucht des Lichts ist lauter Güte und Gerechtigkeit und Wahrheit. (Eph. 5,8b.9)

I: Jes. 2,1–5 (AT) ▪ **II:** Joh. 9,1–7 ▪ **III: 1. Kor. 6,9–14(15–18)19–20** ▪ **IV:** Mk. 12,41–44 ▪ **V:** Mt. 5,13–16 (Ev) ▪ **VI:** Eph. 5,8b–14 (Ep) ▪ **Ps:** 48,2.3a.9–15 (EG.E 58) ▪ **Hv:** Ps. 115,1 ▪ **WT:** Spr. 4,18–27; Mk. 7,14–23; Röm. 6,19–23 ▪ **Va:** 5. Mose 10,10–15(16–22) ▪ **A:** Joel 3,1–5

K. „Denn auch ihr seid Fremdlinge gewesen" (3. Mose 19,33–34 und Ps. 63,8) ▪ **F.** Ps. 11 ▪ **L.** Ps. 82,3; 1. Joh. 3,18

Lieder: Sonne der Gerechtigkeit (EG 262/263);
Lass uns in deinem Namen, Herr (EG.E 25)

25.7.: Tag des Apostels Jakobus des Älteren rot

Wie lieblich sind auf den Bergen die Füße des Freudenboten, der da Frieden verkündigt, Gutes predigt, Heil verkündigt, der da sagt zu Zion: Dein Gott ist König! (Jes. 52,7)

I/IV: Apg. 11,27–12,5 (Ep) ▪ **II/V:** Jes. 45,4–7 (AT) ▪ **III/VI:** Mt. 20,20–23 (Ev) ▪ **Ps:** 116,1–9.13 (EG.E 96) ▪ **Hv:** Ps. 33,1 ▪ **WT:** Röm. 8,28–39

Lieder: Herr, mach uns stark im Mut, der dich bekennt (EG 154);
In Gottes Namen fahren wir (EG 498)

1471 Thomas von Kempen †
1837 Luise Scheppler †
1877 Johann Heinrich Volkening †

Tag des Apostels Jakobus des Älteren

26 Montag

1557 Angelus Merula †

Jak. 2,14–26; *Mt. 7,7–12*
F. Apg. 24,1–27
L. Am. 7,2–3; 1. Tim. 2,1

27 Dienstag

1878 Gustav Knak †

Mt. 7,13–20; *Mt. 5,33–37*
F. Apg. 25,1–12
L. Jes. 44,24; 1. Kor. 8,6

1750 Johann Sebastian Bach †

Mittwoch **28**

Spr. 8,12–21; 1. Kön. 3,5–15
F. Apg. 25,13–27
L. Hiob 12,10; Apg. 17,28

1030 Olaf Haraldson †

Donnerstag **29**

Lk. 11,33–36(37–41a); *1. Kor. 12,27–13,3*
F. Apg. 26,1–23
L. Hes. 36,9; Mt. 20,1

30 Freitag

Joh. 18,19–24; *Eph. 4,25–32*
F. Apg. 26,24–32
L. Ps. 32,10; Röm. 5,5

1718 William Penn †
1976 Rudolf Bultmann †

31 Sonnabend ◑

Phil. 2,(13)14–18
F. Apg. 27,1–12
L. 5. Mose 8,18; Joh. 3,27

1556 Ignatius von Loyola †
1566 Bartolomé de las Casas (17.7./31.7.) †

9. Sonntag nach Trinitatis 1

grün

Wem viel gegeben ist, bei dem wird man viel suchen; und wem viel anvertraut ist, von dem wird man umso mehr fordern. (Lk. 12,48b)

I: Phil. 3,(4b–6)7–14 (Ep) ▪ **II:** Jer. 1,4–10 (AT) ▪ **III: Mt. 7,24–27** ▪ **IV:** Mt. 25,14–30 ▪ **V:** 1. Kön. 3,5–15(16–28) ▪ **VI:** Mt. 13,44–46 (Ev) ▪ **Ps:** 63,2–9 (EG.E 62) ▪ **Hv:** Ps. 40,17 ▪ **WT:** Lk. 16,10–13 ▪ **Va:** 1. Mose 41,25–43 ▪ **A:** 2. Mose 4,10–16.(17)

K. Flucht zu Fremden und Rückkehr mit einer Fremden (Rut 1 und 2,12) ▪ **F.** Ps. 63 ▪ **L.** 5. Mose 6,5; 1. Joh. 4,19

Lieder: Herzlich lieb hab ich dich, o Herr (EG 397); Die Erde ist des Herrn (EG.E 32)

1534 Erstausgabe Lutherbibel
1914 Beginn Erster Weltkrieg

Neige, Herr, dein Ohr und höre! Öffne, Herr, deine Augen und sieh her! *(2. Kön. 19,16)*

2 Montag

1887 Gustav Werner †
1919 Christoph Blumhardt d. J. †

Pred. 11,1–8; *Lk. 16,10–13*
F. Apg. 27,13–44
L. 2. Mose 14,13; Hebr. 10,23

3 Dienstag

1632 Josua Stegmann †
1927 Weltkonferenz über Glauben u. Kirchenverfassung, Lausanne (bis 21.)

1. Kön. 3,16–28; 1. Kor. 6,12–20
F. Apg. 28,1–16
L. Dan. 3,28; Apg. 12,11

1859 Johannes Maria Vianney †
1977 Ernst Bloch †

Mittwoch 4

Mt. 19,(7–9)10–12; *1. Kor. 10,23–31*
F. Apg. 28,17–31
L. Ps. 119,162; Joh. 6,68

1874 Franz Härter, Gründer der Diakonissenanstalt Straßburg, †

Donnerstag 5

1. Tim. 4,6–16;
Sir. 4,20–28 oder Spr. 4,10–19
F. 2. Kön. 2,1–18
L. Jer. 23,28; 1. Kor. 2,4–5

6 Freitag

Joh. 19,9–16a; *Jer. 1,11–19*
F. 2. Kön. 4,1–7
L. 1. Mose 17,1; Mt. 5,16

1221 Dominikus †
1731 Die Evangelischen Salzburger

(Kath.: Verklärung des Herrn)

7 Sonnabend

Lk. 12,42–48
F. 2. Kön. 5,1–19a
L. 1. Chr. 29,5; 2. Kor. 9,7

304 Afra von Augsburg †
1615 Melchior Vulpius †

10. Sonntag nach Trinitatis **8**
Israelsonntag

Israelsonntag: Kirche und Israel (g) grün

Wohl dem Volk, dessen Gott der HERR ist, dem Volk, das er zum Erbe erwählt hat! (Ps. 33,12)

I: Mk. 12,28–34 (Ev) ▪ **II:** Röm. 11,25–32 (Ep) ▪ **III:** **2. Mose 19,1–6** (AT) ▪ **IV:** Mt. 5,17–20 ▪ **V:** 5. Mose 4,5–20 ▪ **VI:** Sach. 8,20–23 ▪ **Ps:** 122,1–9 (EG.E 103) ▪ **Hv:** Ps. 33,12 ▪ **WT:** 1. Mose 25,19–34; 1. Mose 33,1–16 ▪ **Va:** Röm. 9,1–5 ▪ **A:** Jes. 27,2–9

K. Verfolgung macht vor keinem Halt (Mt. 2,13–15) ▪ **F.** Ps. 30 ▪ **L.** Jes. 25,5; Lk. 1,51–52

Lieder: Nun danket Gott, erhebt und preiset (EG 290);
Lobt und preist die herrlichen Taten (EG 429)

Israelsonntag: Gedenktag der Zerstörung Jerusalems (v) violett

I: Lk. 19,41–48 (Ev) ▪ **II:** Röm. 9,1–5 (Ep) ▪ **III:** **Jes. 27,2–9** (AT) ▪ **IV:** Klgl. 5,1–22 ▪ **V:** Röm. 11,17–24 ▪ **VI:** 5. Mose 30,1–6(7–10) ▪ **Ps:** 74,1–3.8–11.20.21 (EG.E 70) ▪ **Hv:** Ps. 33,12 ▪ **WT:** Sir. 36,13–19; Jes. 62,6–12; Dan. 9,15–19; Jer. 7,1–15; Röm. 15,7–13 ▪ **Va:** Klgl. 1,1–11 ▪ **A:** Sir. 36,13–19 oder Neh. 1,3–11a

Lieder: Aus tiefer Not lasst uns zu Gott (EG 144); Und suchst du meine Sünde (EG 237)

1523 Jean Vallière †
1947 Darmstädter Wort des Bruderrats der Bekennenden Kirche

Augsburger Friedensfest

9 Montag

1851 Karl Gützlaff †
1942 Edith Stein †

(Islam.: Islamisches Neujahr 1443 n.H.)

(g/v) *Röm. 11,1–6(7–10) 11.12;*
(g) 5. Mose 30,1–8 oder (v) Klgl. 2,13–20a
F. 2. Kön. 6,8–23
L. Jes. 11,2; Lk. 20,26

10 Dienstag

70 Zerstörung Jerusalems durch Titus
258 Laurentius †

(g/v) Lk. 21,5.6.20–24;
(g) *Jes. 51,1–6(7)* oder (v) *Jes. 51,1–6(7)*
F. 2. Kön. 16,1–16
L. Hiob 21,22; Röm. 12,16

1253 Klara v. Assisi †

Mittwoch **11**

(g/v) *Joh. 4,19–26;* (g) 5. Mose 30,11–20
oder (v) Klgl. 4,11–20
F. 2. Kön. 17,1–23
L. 1. Sam. 26,24; Apg. 23,11

1551 Paul Speratus †

Donnerstag **12**

(g/v) *Jes. 62,6–12;* (g) *Röm. 11,(13–16)17–24*
oder (v) Röm. 11,25–32
F. 2. Kön. 17,24–41
L. Ps. 9,3; Eph. 1,3

13 Freitag

1910 Florence Nightingale †
1942 Paul Richter †

Lk. 23,27–31; *Eph. 2,11–18*
F. 2. Kön. 18,1–12
L. Hiob 19,25; Joh. 12,28

14 Sonnabend

1629 Georg Balthasar †
1941 Maximilian Kolbe †

5. Mose 4,27–35(36–40)
F. 2. Kön. 18,13–37
L. Ps. 119,52; 1. Joh. 1,2

11. Sonntag nach Trinitatis **15**

grün

Gott widersteht den Hochmütigen, aber den Demütigen gibt er Gnade. (1. Petr. 5,5b)

I: Hiob 23,1–17 ▪ **II:** Lk. 18,9–14 (Ev) ▪ **III:** **Eph. 2,4–10** (Ep) ▪ **IV:** 2. Sam. 12,1–10.13–15a (AT) ▪ **V:** Lk. 7,36–50 ▪ **VI:** Gal. 2,16–21 ▪ **Ps:** 145,1–2.14.17–21 ▪ **Hv:** Ps. 105,1 ▪ **WT:** 1. Sam. 17 i.A. (bes. V. 38–51); Hiob 22,21–30; Mt. 23,1–12 ▪ **Va:** 1. Sam. 1,12–22(23–28) ▪ **A:** 1. Mose 19,15–26

K. Lust an der Tora (Ps. 1; 5. Mose 30,11–14) ▪ **F.** Ps. 17 ▪ **L.** Hiob 40,3–4; 1. Kor. 15,9–10

Lieder: Aus tiefer Not schrei ich zu dir (EG 299); Meine engen Grenzen (EG.E 12)

1552 Hermann von Wied †
1901 Julie Hausmann †

(Kath.: Mariä Himmelfahrt)

16 Montag

Hes. 17,1–6.22–24; *Mt. 23,1–12*
F. 2. Kön. 19,1–19
L. Ps. 115,1; Röm. 12,3

1527 Leonhard Kaiser †
1532 Johann der Beständige †
1659 Heinrich Held †
2005 Frère Roger Schutz †

17 Dienstag

1. Sam. 17,38–51; 2. Sam. 16,5–17
F. 2. Kön. 19,20–37
L. Ps. 119,43; 2. Tim. 4,3–4

1637 Johann Gerhard †

1756 Erdmann Neumeister †

(Islam.: Ashura-Fest)

Mittwoch **18**

Jes. 26,1–6; *Joh. 8,3–11*
F. 2. Kön. 22,1–13
L. Jer. 9,22–23; Lk. 9,25

1662 Blaise Pascal †
1719 Karl Hildebrand v. Canstein †

(Orth.: Verklärung des Herrn)

Donnerstag **19**

1. Petr. 5,1–5; Mk. 2,13–17
F. 2. Kön. 22,14–23,3
L. 1. Chr. 13,8; Phil. 4,4–5

20 Freitag

Lk. 22,54–62; 2. Kor. 7,8–13
F. 2. Kön. 23,4–25
L. 2. Chr. 25,8; Röm. 8,34

1153 Bernhard v. Clairvaux †
1384 Geert Groote †
1884 Reformierter Weltbund
1912 William Booth †

21 Sonnabend

Mk. 7,24–30
F. 2. Kön. 23,26–37
L. Jes. 65,24; Röm. 5,8

1732 Aussendung der ersten Missionare aus Herrnhut
1991 Oswald von Nell-Breuning †

12. Sonntag nach Trinitatis **22**

grün

Das geknickte Rohr wird er nicht zerbrechen, und den glimmenden Docht wird er nicht auslöschen. (Jes. 42,3a)

I: Apg. 3,1–10 ▪ **II:** 1. Kor. 3,9–17 ▪ **III:** **Mk. 7,31–37** (Ev) ▪ **IV:** Apg. 9,1–20 (Ep) ▪ **V:** Jes. 29,17–24 (AT) ▪ **VI:** Lk. 13,10–17 ▪ **Ps:** 147,1–6.11 (EG.E 113) ▪ **Hv:** Ps. 34,2 ▪ **WT:** 2. Kön. 20,1–11; Apg. 14,8–18; Mk. 8,22–26; Gal. 1,11–24 ▪ **Va:** Lk. 4,31–37(38–40) ▪ **A:** 2. Kön. 20,1–7

K. Jesus macht Lust auf das Gesetz – Das Doppelgebot der Liebe (Mt. 22,34–40; 5. Mose 6,5; 3. Mose 19,17–18) ▪ **F.** Ps. 12 ▪ **L.** 3. Mose 26,12; 1. Joh. 1,3–4

Lieder: Nun lob, mein Seel, den Herren (EG 289);
Wir haben Gottes Spuren festgestellt (EG.E 20)

24.8.: Tag des Apostels Bartholomäus rot

Wie lieblich sind auf den Bergen die Füße des Freudenboten, der da Frieden verkündigt, Gutes predigt, Heil verkündigt, der da sagt zu Zion: Dein Gott ist König! (Jes. 52,7)

I/IV: Mk. 3,13–19 (Ev) ▪ **II/V:** 2. Kor. 4,7–10 (Ep) ▪ **III/VI:** Jes. 61,8–11 (AT) ▪ **Ps:** 43,1–5 (EG.E 55) ▪ **Hv:** Ps. 33,1 ▪ **WT:** Lk. 22,24–30

Lieder: Die Kirche steht gegründet (EG 264); Die Heiligen, uns weit voran (EG.E 27)

---

178 Symphorian †
1962 Rudolf Alexander Schröder †
1976 Oskar Brüsewitz †

(Kath.: Mariä Königin)

23 Montag

Mt. 9,27–34; Mk. 6,53–56
F. 2. Kön. 24,1–20
L. 3. Mose 22,32; 1. Petr. 1,15

1535 Calvins Institutio
1948 Ökumenischer Rat der Kirchen in Amsterdam konstituiert

24 Dienstag

4. Mose 12,1–15; *Mk. 3,1–10(11.12)*
F. 2. Kön. 25,1–21
L. Dan. 7,14; Kol. 1,13

1572 Gaspard de Coligny †
1914 Johannes Weiß †
1943 Simone Weil †

Tag des Apostels Bartholomäus

775 Gregor v. Utrecht †

Mittwoch **25**

Mt. 17,14–20(21); *Joh. 4,46–54*
F. 2. Kön. 25,22–30
L. 1. Mose 1,27; 1. Kor. 11,11–12

383 Wulfila †
1942 Werner Sylten †
1944 Adam v. Trott zu Solz †

Donnerstag **26**

Mk. 8,22–26; *Lk. 8,1–3*
F. Esra 1,1–11
L. Ps. 28,9; 1. Petr. 2,9

27 Freitag

1535 Reformation in Genf

Lk. 23,6–12; *Mt. 12,15–21*
F. Esra 3,1–13
L. Ps. 19,8; 2. Tim. 3,16

28 Sonnabend

430 Augustinus †
1645 Hugo Grotius †

(Orth.: Entschlafen der Gottesgebärerin)

Apg. 9,31–35
F. Esra 4,1–24
L. Hes. 11,19; Apg. 2,39

13. Sonntag nach Trinitatis **29**

grün

Christus spricht: Was ihr getan habt einem von diesen meinen geringsten Brüdern, das habt ihr mir getan. (Mt. 25,40b)

I: Mk. 3,31–35 ▪ **II:** Apg. 6,1–7 ▪ **III: 1. Mose 4,1–16a** ▪ **IV:** Lk. 10,25–37 (Ev) ▪ **V:** 1. Joh. 4,7–12 (Ep) ▪ **VI:** 3. Mose 19,1–3.13–18.33–34 (AT) ▪ **Ps:** 112,1–10 (EG.E 94) ▪ **Hv:** Mt. 5,7 ▪ **WT:** Am. 5,4–7.10–15; Apg. 4,32–35; Jak. 2,14–18.26 ▪ **Va:** Mt. 12,1–8 ▪ **A:** 2. Sam. 9,1–11

K. Lust auf die zehn Gebote (2. Mose 20,1–17) ▪ **F.** Ps. 28 ▪ **L.** Jer. 15,19; Joh. 14,23

Lieder: So jemand spricht: „Ich liebe Gott" (EG 412);
Wenn das Brot, das wir teilen (EG.E 28)

29.8.: Tag der Enthauptung Johannes des Täufers rot

Der Tod seiner Heiligen wiegt schwer vor dem HERRN. Dir will ich Dankopfer bringen und des HERRN Namen anrufen. (Ps. 116,15.17)

I/IV: Pred. 8,2–13 (AT) ▪ **II/V:** Mk. 6,14–29 (Ev) ▪ **III/VI:** 2. Tim. 2,8–13 (Ep) ▪ **Ps:** 73,1–3. 8–10. 23–26 (EG.E 69) ▪ **Hv:** Ps. 116,15.17 ▪ **WT:** Apg. 13,23–30 ▪ **Va:** Weish. 5,1–10 oder Jer. 1,(11–15)16–19

Lieder: In dich hab ich gehoffet, Herr (EG 275); Es mag sein, dass alles fällt (EG 378)

1825 Martin Boos †

Tag der Enthauptung Johannes des Täufers

30 Montag ◑

1958 Karl Heim †

Sir. 29,1–3.7–13 oder Spr. 19,16–23;
Mt. 6,1–4
F. Esra 5,1–17
L. Jes. 29,15; Eph. 5,13

31 Dienstag

1528 Mathis Gothard Nithart, genannt „Grünewald" †
1688 John Bunyan †
1906 Ludwig Zimmermann †

Lk. 17,(1.2)3–10; *Am. 5,4–15*
F. Esra 6,1–22
L. Jer. 32,42; 1. Joh. 3,2

1879 Sixt Karl Kapff †
1939 Beginn Zweiter Weltkrieg

Antikriegstag

Mittwoch 1

1. Mose 47,(3)4–12;
5. Mose 24,(10–15)17–22
F. Esra 7,1–28
L. Ps. 69,14; Joh. 16,23

1872 Nicolai Grundtvig †
1919 Erster Deutscher Evangelischer Kirchentag in Dresden
1996 Tullio Vinay †

Donnerstag 2

2. Kor. 8,10–17; 3. Joh. 1–8(11)
F. Hag. 1,1–15
L. Ps. 25,12; Phil. 1,9

Ihr sät viel und bringt wenig ein; ihr esst und werdet doch nicht satt; ihr trinkt und bleibt doch durstig; ihr kleidet euch, und keinem wird warm; und wer Geld verdient, der legt's in einen löchrigen Beutel. *(Hag. 1,6)*

3 Freitag

1658 Oliver Cromwell †

Mt. 26,47–50; *Jak. 2,5–13*
F. Hag. 2,1–9
L. Ps. 33,5; Mt. 6,25

---

4 Sonnabend

1965 Albert Schweitzer †

Ökumenischer Tag der Schöpfung

Jud. 1.2.20–25
F. Hag. 2,10–23
L. 2. Mose 1,17; Apg. 5,29

14. Sonntag nach Trinitatis 5

grün

Lobe den HERRN, meine Seele, und vergiss nicht, was er dir Gutes getan hat. (Ps. 103,2)

I: 1. Mose 28,10–19a(19b–22) (AT) ▪ **II:** Lk. 19,1–10 ▪ **III:** **1. Thess 5,14–24** ▪ **IV:** Jes. 12,1–6 ▪ **V:** Lk. 17,11–19 (Ev) ▪ **VI:** Röm. 8,14–17 (Ep) ▪ **Ps:** 146,1–10 (EG.E 112) ▪ **Hv:** Ps. 103,13 ▪ **WT:** Sir. 50,22–24; Mk. 1,40–45; 1. Thess. 1,2–10 ▪ **Va:** 2. Mose 18,1–12 ▪ **A:** Sir. 50,16–24 oder 2. Chr. 7,1–6

K. Behütet losgehen (Ps. 121) ▪ **F.** Ps. 119,137–144 ▪ **L.** Jer. 31,16; Lk. 18,7

Lieder: Danket dem Herrn! Wir danken dem Herrn (EG 333);
Lobe den Herrn, meine Seele (EG.E 14)

1553 Giovanni Mollio †
1562 Katharina Zell †
1857 Auguste Comte †
1997 Mutter Teresa †

6 Montag

1525 Matthias Waibel †

5. Mose 26,1–11; Jos. 4,1–7
F. Neh. 1,1–11
L. Ps. 106,6; Tit. 2,14

7 Dienstag ●

1534 Lazarus Spengler †
1912 Martin Kähler †
1948 Julius Schniewind †

(Jüd.: Rosch ha-Schana, Neujahr 5782, 7. bis 8.9.)

Joh. 9,24–38(39–41); *Gal. 5,22–26*
F. Neh. 2,1–20
L. 5. Mose 2,7; Mt. 16,18

725 Korbinian †
1675 „Pia Desideria" Speners
1944 Elisabeth von Thadden †

(Kath.: Mariä Geburt)

Mittwoch 8

Phlm. 1–16(17–22); 2. Tim. 1,1–6(7)
F. Neh. 4,1–17
L. Jes. 42,1; Lk. 4,22

1560 Luigi Pasquali †
1606 Leonhard Lechner †

Donnerstag 9

1. Chr. 29,9–18; Gal. 6,6–10
F. Neh. 5,1–19.
L. Hag. 2,4; 1. Kor. 3,9

10 Freitag

1977 Elisabeth Schmitz †

Joh. 13,31–35; Phil. 4,15–23
F. Neh. 6,1–7,3
L. Ps. 33,20; Röm. 8,24

11 Sonnabend

1570 Johannes Brenz †
1627 Matthäus Ulicky †

Terroranschlag auf das World Trade Center New York (20. Jahrestag)

2. Thess. 2,13–17
F. Neh. 8,1–18
L. Jes. 52,12; Joh. 14,3

15. Sonntag nach Trinitatis 12

grün

Alle eure Sorge werft auf ihn; denn er sorgt für euch. (1. Petr. 5,7)

I: 1. Petr. 5,5b–11 (Ep) ▪ **II:** 1. Mose 2,4b–9(10–14)15(18–25) (AT) ▪ **III:** **Lk. 17,5–6** ▪ **IV:** Gal. 5,25–6,10 ▪ **V:** 1. Mose 15,1–6 ▪ **VI:** Mt. 6,25–34 (Ev) ▪ **Ps:** 127,1–2 (EG.E 105) ▪ **Hv:** Ps. 34,9 ▪ **WT:** Dan. 6,1–29; Lk. 18,28–30; Röm. 4 i.A. ▪ **Va:** 1. Kön. 17,1–6 ▪ **A:** Lk. 12,15–21

K. Sich erinnern, träumen und jubeln (Ps. 126) ▪ **F.** Ps. 119,145–152 ▪ **L.** Ps. 10,14; Mk. 9,22

Lieder: Wer nur den lieben Gott lässt walten (EG 369);
Solang es Menschen gibt auf Erden (EG 427)

1978 Günter Harder †

(Kath.: Mariä Namen)

Tag des Offenen Denkmals

13 Montag ◐

1565 Wilhelm Farel, Reformator Genfs, †

Phil. 4,8–14; Mt. 6,5–15
F. Neh. 10,1.29–40
L. Jes. 45,8; 2. Kor. 9,10

14 Dienstag

258 Cyprian †
407 Johannes Chrysostomus †

(Orth.: Beginn des Kirchenjahres)

(Kath.: Kreuzerhöhung)

1. Tim. 6,(3–5)6–11a; Lk. 16,1–9
F. Neh. 12,27–43
L. Ps. 41,2; Mt. 5,7

1525 Jan v. Woerden †

Mittwoch **15**

Apg. 27,33–44; *Pred. 4,(4–7)8–12*
F. Neh. 13,15–22
L. Jes. 54,14; Joh. 14,27

1674 Johann Botsack †
(Jüd.: Jom Kippur)

Donnerstag **16**

Lk. 10,38–42; Joh. 4,31–38
F. Hebr. 1,1–2,4
L. Ps. 36,7; Mt. 6,26

17 Freitag

Lk. 22,35–38; *1. Kor. 7,17–24*
F. Hebr. 2,5–18
L. Ps. 103,22; Lk. 13,29

um 705 Lambert †
1179 Hildegard v. Bingen †
1524 Kaspar Tauber †
1575 Johann Heinrich Bullinger †

18 Sonnabend

Mk. 12,41–44
F. Hebr. 3,1–19
L. 4. Mose 6,25; Joh. 20,21

1792 Gottlieb August Spangenberg †
1961 Dag Hammarskjöld †

16. Sonntag nach Trinitatis 19

grün

Christus Jesus hat dem Tode die Macht genommen und das Leben und ein unvergängliches Wesen ans Licht gebracht durch das Evangelium. (2. Tim. 1,10b)

I: Joh. 11,1(2)3.17–27(28–38a)38b–45 (Ev) ▪ **II:** 2. Tim. 1,7–10 (Ep) ▪ **III: Klgl. 3,22–26.31–32** (AT) ▪ **IV:** Lk. 7,11–17 ▪ **V:** Hebr. 10,35–36(37–38)39 ▪ **VI:** Ps. 16,(1–4)5–11 ▪ **Ps:** 68,4–7.20.21.35.36 (EG.E 65) ▪ **Hv:** Ps. 68,21 ▪ **WT:** 2. Kön. 4,18–37 (i.A.); Apg. 12,1–11 ▪ **Va:** Mk. 9,1–10 ▪ **A:** 2. Sam. 12,15–24

K. Macht euch keine Sorgen, denn Gott sorgt für euch! (Mt. 6,25–34) ▪ **F.** Ps. 119,153–160 ▪ **L.** Ps. 37,8; Jak. 3,5–6

Lieder: Jesus lebt, mit ihm auch ich (EG 115); Gelobt sei deine Treu (EG.E 16)

21.9.: Tag des Apostels und Evangelisten Matthäus weiß oder rot

Geht hin in alle Welt und predigt das Evangelium aller Kreatur. (Mk. 16,15b)

I/IV: 1. Kor. 12,27–31a (Ep) ▪ **II/V:** Hes. 3,4–6(7–9)10.11 (AT) ▪ **III/VI:** Mt. 9,9–13 (Ev) ▪ **Ps:** 34,2–11 ▪ **Hv:** Ps. 33,1 ▪ **Va:** Sir. 2,15218 oder Spr. 2,3–12

Lieder: Herr, mach uns stark im Mut, der dich bekennt (EG 154);
Lass uns den Weg der Gerechtigkeit gehn (EG.E 30)

1905 Thomas John Barnardo †

20 Weltkindertag (Montag)

Röm. 6,18–23; Hiob 5,17–27
F. Hebr. 4,1–13
L. Ps. 118,17; Gal. 2,20

1942 Friedrich Müller-Dahlem †

21 Dienstag ○

Jes. 38,9–20; Hos. 13,9–14
F. Hebr. 4,14–5,10
L. Ps. 44,9; 1. Thess. 5,16–17

1522 September-Testament (Luther)
1558 Karl V. †
1902 Christoph Ernst Luthardt †
1909 Carl Heinrich Rappard †

Tag des Apostels und Evangelisten Matthäus

(Orth.: Mariä Geburt)

(Jüd.: Sukkot, 21. bis 27.9.)

UNO-Weltfriedenstag

1826 Johann Peter Hebel †
Herbstanfang

Mittwoch 22

Mk. 5,21–24.35–43; Apg. 9,36–42
F. Hebr. 5,11–6,8
L. Jes. 40,1; Lk. 9,11

1555 Fünf Märtyrer von Chambéry †

Donnerstag 23

Phil. 1,19–26; Apg. 21,8–14
F. Hebr. 6,9–20
L. Mal. 3,18; Gal. 6,9

24 Freitag

Joh. 18,3–9; *Offb. 2,8–11*
F. Hebr. 7,1–10
L. Spr. 10,28; Hebr. 6,12

1054 Hermann der Lahme †
1559 Maria de Bohorques †

25 Sonnabend

Röm. 4,18–25
F. Hebr. 7,11–28
L. Jer. 25,6; Apg. 17,24–25

1555 Augsburger Religionsfriede
1794 Paul Rabaut †

17. Sonntag nach Trinitatis 26

grün

Unser Glaube ist der Sieg, der die Welt überwunden hat. (1. Joh. 5,4c)

I: Jos. 2,1–21 ▪ **II:** Mt. 15,21–28 (Ev) ▪ **III: Röm. 10,9–17(18)** (Ep) ▪ **IV:** Jes. 49,1–6 (AT) ▪ **V:** Mk. 9,17–27 ▪ **VI:** Gal. 3,26–29 ▪ **Ps:** 138,1–8 (EG.E 107) ▪ **Hv:** Ps. 89,2 ▪ **WT:** 1. Mose 6,9–22; Hebr. 11,1–3; Joh. 9,35–41 ▪ **Va:** Dan. 3,8–20.24–28 ▪ **A:** Mk. 5,25–34

K. Sorgt für andere – und ihr werdet mir begegnen (Mt. 25) ▪ **F.** Ps. 110 ▪ **L.** Ps. 146,8; Eph. 1,18

Lieder: Such, wer da will, ein ander Ziel (EG 346);
Mit dir, o Herr, die Grenzen überschreiten (EG.E 26)

oder 29.9.: Tag des Erzengels Michael und aller Engel (Michaelis) weiß

Der Engel des HERRN lagert sich um die her, die ihn fürchten. (Ps. 34,8)

I: Lk. 10,17–20 (Ev) ▪ **II:** Offb. 12,7–12 (Ep) ▪ **III: 1. Mose 21,8–21** (AT) ▪ **IV:** Mt. 18,1–6.10 ▪ **V:** Apg. 5,12.17–21(22–27a)27b–29 ▪ **VI:** 4. Mose 22,31–35 ▪ **Ps:** 103,19–22 ▪ **Hv:** Ps. 148,2 ▪ **WT:** 2. Mose 23,20–22; Jos. 5,13–15; Hebr. 1,5–14 ▪ **Va:** Hes. 1,4–6.10–14 oder Hebr. 1,7.8.13.14 ▪ **A:** Jes. 14,3–17 oder 2. Kön. 6,8–17

Lieder: Gott, aller Schöpfung heilger Herr (EG 142);
Großer Gott, wir loben dich (EG 331)

1848 Innere Mission
1559 Antonio Herrezuelo († 21.5.)
und 1568 Leonor de Cisnere †

Beginn der Interkulturellen Woche (26.9. bis 3.10.)

Welttag des Migranten und Flüchtlings

27 Montag

Hebr. 11,1–7; Hebr. 11,8–16
F. Hebr. 8,1–13
L. Ps. 119,67; 2. Kor. 7,10

1660 Vinzenz v. Paul †
1817 Kirchenunion in Preußen

(Orth.: Kreuzerhöhung)

28 Dienstag

1. Mose 15,1–6; Hebr. 11,17–22
F. Hebr. 9,1–15
L. 1. Mose 3,19; 2. Tim. 1,10

782 Lioba †
1529 Adolf Clarenbach u. Peter Fliesteden †
1859 Carl Johann Philipp Spitta †

(Jüd.: Schemini Azeret)

◑ Mittwoch **29**

Tag des Erzengels Michael und aller Engel

Der Engel des HERRN lagert sich um die her, die ihn fürchten, und hilft ihnen heraus. (Ps. 34,8)

I: Lk. 10,17–20 (Ev) ▪ **II:** Offb. 12,7–12 (Ep) ▪ **III: 1. Mose 21,8–21** (AT) ▪ **IV:** Mt. 18,1–6.10 ▪ **V:** Apg. 5,12.17–21(22–27a)27b–29 ▪ **VI:** 4. Mose 22,31–35 ▪ **Ps:** 103,19–22 (EG.E 88) ▪ **Hv:** Ps. 148,2 ▪ **WT:** 2. Mose 23,20–22; Jos. 5,13–15; Hebr. 1,5–14 ▪ **Va:** Hes. 1,4–6.10–14 oder Hebr. 1,7.8.13.14 ▪ **A:** Jes. 14,3–17 oder 2. Kön. 6,8–17

F. Hebr. 9,16–28 ▪ **L.** Jes. 61,1.2; Lk. 1,30

Lieder: Gott, aller Schöpfung heilger Herr (EG 142); Großer Gott, wir loben dich (EG 331)

1560 Gustav Wasa †
1993 Günter Jacob †

(Jüd.: Simchat Tora)

---

420 Hieronymus †
2001 Gerhard Ebeling †

Donnerstag **30**

1. Mose 16,6b–14; Ri. 6,11–23
F. Hebr. 10,1–18
L. Ps. 130,3; 2. Kor. 5,19

1 Freitag

Mt. 26,51–54; Jos. 5,13–15
F. Hebr. 10,19–31
L. Jer. 31,8; Lk. 14,16–17

1529 Marburger Religionsgespräch
1571 Petrus Herbert †
1968 Romano Guardini †

Internationaler Tag des älteren Menschen

2 Sonnabend

Mt. 18,10–14
F. Hebr. 10,32–39
L. Spr. 15,13; Phlm. 7

1945 Hans Freiherr von Soden †

Lasst uns aufeinander achthaben und einander anspornen zur Liebe und zu guten Werken. *(Hebr. 10,24)*

Erntedankfest **3**

Tag der Deutschen Einheit

grün

Aller Augen warten auf dich, und du gibst ihnen ihre Speise zur rechten Zeit. (Ps. 145,15)

I: Jes. 58,7–12 ▪ **II:** Mk. 8,1–9 (Ev) ▪ **III: 2. Kor. 9,6–15** (Ep) ▪ **IV:** 5. Mose 8,7–18 (AT) ▪ **V:** Lk. 12(13–14)15–21 ▪ **VI:** 1. Tim. 4,4–5 ▪ **Ps:** 104,1a.10–15.27–30.33 ▪ **Hv:** Ps. 147,1 ▪ **WT:** 5. Mose 26,1–11; Mt. 6,19–23; Lk. 12,22–31; 1. Tim. 6,6–11; Hebr. 13,15–16 ▪ **Va:** 5. Mose 16,9–15 ▪ **A:** Tob. 12,1.6–11a.15–18 oder 1. Mose 32,1–3.10–13

K. Sorgt für die Schöpfung, Gott vertraut sie euch an! (1. Mose 2,8–9.15) ▪ **F.** Ps. 104 ▪ **L.** Jona 4,10–11; Jak. 5,11

Lieder: Nun preiset alle Gottes Barmherzigkeit (EG 502);
Auf, Seele, Gott zu loben (EG.E 15)

18. Sonntag nach Trinitatis grün

Dies Gebot haben wir von ihm, dass, wer Gott liebt, dass der auch seinen Bruder liebe. (1. Joh. 4,21)

I: Jak. 2,14–26 ▪ **II:** 5. Mose 30,11–14 ▪ **III: Mk. 10,17–27** (Ev) ▪ **IV:** Eph. 5,15–20 (Ep) ▪ **V:** 2. Mose 20,1–17 (AT) ▪ **VI:** 1. Petr. 4,7–11 ▪ **Ps:** 1,1–6 (EG.E 33) ▪ **Hv:** Ps. 25,14 ▪ **WT:** Sir. 1,11–16a; Mt. 22,35–40; Röm. 14,17–19; Jak. 2,1–13 ▪ **Va:** Mt. 22,34–40 ▪ **A:** 1. Tim. 1,1–8(9–11)

Lieder: Lass mich, o Herr, in allen Dingen (EG 414);
Lass uns den Weg der Gerechtigkeit gehn (EG.E 30)

1226 Franziskus von Assisi †

Tag der Offenen Moschee

4 Montag

Apg. 27,16–25; Dan. 9,20–24
F. Hebr. 11,1–7
L. Jer. 2,27; Hebr. 11,1

1489 Johann Wessel (Gansfort) †
1582 Teresa von Ávila †
1669 Rembrandt †
1864 Theodor Fliedner †

5 Dienstag

Offb. 22,6–10; Mi. 6,1–8
F. Hebr. 11,8–22
L. Jer. 31,34; Apg. 10,43

1886 Evangelischer Bund

1536 William Tyndale †
1546 Pierre Leclerc †

● Mittwoch **6**

Hld. 8,4–7; Kol. 3,(17)18–4,1
F. Hebr. 11,23–31
L. Joel 2,13; 1. Thess. 5,9–10

1787 Heinrich Melchior Mühlenberg †
(Kath.: Rosenkranzfest)

Donnerstag **7**

Apg. 6,1–7; *Mk. 3,31–35*
F. Hebr. 11,32–40
L. Ps. 86,11; Hebr. 13,9

8 Freitag

451 Konzil von Chalcedon
1565 Johann Matthesius †

Lk. 23,32–34; *Röm. (14,20b–15,1)15,2–7*
F. Hebr. 12,1–17
L. Hes. 20,11; Phil. 4,8

9 Sonnabend

1555 Justus Jonas †

Mt. 5,17–24
F. Hebr. 12,18–29
L. Jos. 24,14; Joh. 12,26

19. Sonntag nach Trinitatis 10

grün

Heile du mich, HERR, so werde ich heil; hilf du mir, so ist mir geholfen. (Jer. 17,14)

I: Joh. 5,1–16 ▪ **II:** Eph. 4,22–32 ▪ **III: Jes. 38,9–20** ▪ **IV:** Mk. 2,1–12 (Ev) ▪ **V:** Jak 5,13–16 (Ep) ▪ **VI:** 2. Mose 34,4–10 (AT) ▪ **Ps:** 32,1–7 (EG.E 47) ▪ **Hv:** Ps. 138,8b ▪ **WT:** 1. Mose 9,12–17; Mk. 1,32–39; 1. Kor. 9,16–23 ▪ **Va:** Apg. 14,8–18 ▪ **A:** Pred. 12,1–7(8)

K. Jeremias Auftrag (Jer. 1,1–10) ▪ **F.** Ps. 32 ▪ **L.** 2. Kön. 5,17; Röm. 12,1

Lieder: Ich singe dir mit Herz und Mund (EG 324);
Da wohnt ein Sehnen tief in uns (EG.E 24)

1976 Reinold von Thadden-Trieglaff †

Internationaler Tag gegen die Todesstrafe

11 Montag

Mk. 10,46–52; *2. Mose 15,22–27*
F. Hebr. 13,1–8
L. Jer. 31,33; Lk. 21,33

965 Bruno von Köln †
1531 Huldrych Zwingli †
1962 Zweites Vatikanisches Konzil eröffnet

12 Dienstag

Lk. 5,12–16; Joh. 7,19–24
F. Hebr. 13,9–14
L. Dan. 9,18; Eph. 3,12

1518 Luther vor Cajetan (bis 14.)
1845 Elizabeth Fry †

1605 Theodor Beza †

◐ Mittwoch 13

Joh. 9,1–7; Apg. 3,1–10(11)
F. Hebr. 13,15–25
L. 1. Sam. 3,4; Apg. 18,9–10

Um 430 Jakob d. Notar †

Donnerstag 14

Mk. 6,7–13; *Jer. 17,14–17*
F. Lk. 12,1–12
L. Ps. 146,5; Lk. 21,19

15 Freitag

1243 Hedwig v. Schlesien †

Mt. 27,39–44; *Mt. 8,14–17*
F. Lk. 12,13–21
L. 3. Mose 19,13; Lk. 6,31

---

16 Sonnabend

1553 Lucas Cranach d.Ä. †

Welternährungstag

Lk. 13,10–17
F. Lk. 12,22–34
L. Jes. 26,8; 2. Kor. 5,10

20. Sonntag nach Trinitatis **17**

grün

Es ist dir gesagt, Mensch, was gut ist und was der HERR von dir fordert: nichts als Gottes Wort halten und Liebe üben und demütig sein vor deinem Gott. (Mi. 6,8)

I: 1. Mose 8,18–22; 9,12–17 (AT) ▪ **II:** Mk. 2,23–28 ▪ **III: Pred. 12,1–7** ▪ **IV:** Hld. 8,6b–7 ▪ **V:** Mk. 10,2–9(10–12)13–16 (Ev) ▪ **VI:** 2. Kor. 3,3–6(7–9) (Ep) ▪ **Ps:** 119,1–8.17.18 (EG.E 99) ▪ **Hv:** Ps. 119,33 ▪ **WT:** Ri. 11,28–40; Eph. 5,25–32; 1. Kor. 7,29–31; 1. Thess. 4,1–8 ▪ **Va:** Sir. 17,1–14 oder Jes. 28,23–29 ▪ **A:** Pred. 12,9–14

K. Jeremias Botschaft (Jer. 7,1–11) ▪ **F.** Ps. 62 ▪ **L.** Jes. 53,7; 1. Petr. 2,23

Lieder: Wohl denen, die da wandeln (EG 295); Meinem Gott gehört die Welt (EG 408)

oder: 23. Sonntag nach Trinitatis grün

Dem König aller Könige und Herrn aller Herren, der allein Unsterblichkeit hat, dem sei Ehre und ewige Macht! (1. Tim. 6,15b.16a.c)

I: Am. 7,10–17 ▪ **II:** Mt. 22,15–22 (Ev) ▪ **III: Phil. 3,17–21** (Ep) ▪ **IV:** 2. Mose 1,8–20 (AT) ▪ **V:** Mt. 5,33–37 ▪ **VI:** Röm. 13,1–7 ▪ **Ps:** 33,13–22 ▪ **Hv:** Ps. 145,10–11 ▪ **WT:** Joh. 15,18–21; Apg. 5,17–33; 1. Petr. 2,11–17 ▪ **Va:** 1. Kor. 7,29–31 ▪ **A:** 1. Kön. 8,(37)38–43

Lieder: Ist Gott für mich, so trete (EG 351); Gib Frieden, Herr, gib Frieden (EG 430)

18.10.: Tag des Evangelisten Lukas rot

Gehet hin in alle Welt und predigt das Evangelium aller Kreatur. (Mk. 16,15b)

I/IV: 2. Tim. 4,5–11 (Ep) ▪ **II/V:** Jes. 43,8–13 (AT) ▪ **III/VI:** Lk. 1,1–4 (Ev) ▪ **Ps:** 119,121–128 ▪ **Hv:** Ps. 33,1 ▪ **WT:** Apg. 1,1–8 ▪ **Va:** Sir. 38,1–10 oder Jes. 35,4–8

Lieder: Herr, mach uns stark im Mut, der dich bekennt (EG 154);
Ich lobe dich von ganzer Seelen (EG 250)

---

3. Sonntag im Oktober oder nach örtlicher Sitte: Kirchweih (Gedenktag der Kirchweihe) rot

Wie lieblich sind deine Wohnungen, HERR Zebaoth! Meine Seele verlangt und sehnt sich nach den Vorhöfen des HERRN; mein Leib und Seele freuen sich in dem lebendigen Gott. (Ps. 84,2–3)

I: Ps. 84,2–13 ▪ **II:** Lk. 19,1–10 (Ev) ▪ **III: Offb. 21,1–5a** (Ep) ▪ **IV:** 1. Kön. 8,27–30 (AT) ▪ **V:** Mk. 4,30–32 ▪ **VI:** Jos. 24,14–16 ▪ **Ps:** 84,2–13 (EG.E 72) ▪ **Hv:** Ps. 26,8 ▪ **WT:** Jes. 66,1–2; Mt. 21,12–17; Offb. 4,1–11

Lieder: Preis, Lob und Dank sei Gott, dem Herren (EG 245);
Die Kirche steht gegründet (EG 264)

---

um 110 Ignatius †
1552 Andreas Osiander †
1993 Helmut Gollwitzer †

Männersonntag

Internationaler Tag zur Beseitigung der Armut

18 Montag

1896 Johann Ludwig Schneller †

Tag des Evangelisten Lukas

(Islam.: Mevlid-Nacht)

2. Mose 23,10–16; *2. Thess. 3,6–13*
F. Lk. 12,35–48
L. Ps. 50,15; 1. Petr. 5,7

19 Dienstag

1945 Stuttgarter Schuldbekenntnis

2. Mose 18,13–27 oder
1. Sam. 10,17–25; *Röm. 13,1–7*
F. Lk. 12,49–53
L. Jes. 30,18; Lk. 15,20

○ Mittwoch **20**

1896 Karl Segebrock, Ewald Ovir †

Buchmesse Frankfurt a.M.
(20. bis 24.10., Gastland Spanien)

1. Mose 24,54b–67; Eph. 5,25–32
F. Lk. 12,54–59
L. 1. Mose 8,21; Tit. 2,11–12

Donnerstag **21**

1710 von Canstein'sche Bibelanstalt
1913 Elias Schrenk †

5. Mose 4,5–10; *1. Kor. 14,26–33*
F. Lk. 13,1–9
L. Rut 1,16; Gal. 3,28

22 Freitag

Joh. 18,28–32; 1. Petr. 4,1–6
F. Lk. 13,10–17
L. Jes. 58,11; Phil. 4,19

1854 Jeremias Gotthelf (A. Bitzius) †
1965 Paul Tillich †

23 Sonnabend

Spr. 3,1–8
F. Lk. 13,18–21
L. 5. Mose 8,10; 1. Kor. 10,31

1542 Johannes Zwick †
1685 Edikt von Nantes aufgehoben
1997 Pinchas Lapide †

21. Sonntag nach Trinitatis 24

grün

Lass dich nicht vom Bösen überwinden, sondern überwinde das Böse mit Gutem. (Röm. 12,21)

I: Eph. 6,10–17 (Ep) ▪ **II:** Jer. 29,1.4–7(8–9)10–14 (AT) ▪ **III: Mt. 10,34–39** ▪ **IV:** Joh. 15,9–12 (13–17) ▪ **V:** 1. Mose 13,1–12(13–18) ▪ **VI:** Mt. 5,38–48 (Ev) ▪ **Ps:** 19,8–14 (EG.E 37) ▪ **Hv:** Ps. 101,1 ▪ **WT:** Tob. 4,6–9; Mt. 15,1–11a.18–20 ▪ **Va:** 1. Mose 23,1–9 ▪ **A:** Weish. 5,14–19; Spr. 29,18–25

K. Jeremias Ausdauer (Jer. 36 i. A.) ▪ **F.** Ps. 19 ▪ **L.** Hag. 2,5; Röm. 15,13

Lieder: Zieh an die Macht, du Arm des Herrn (EG 377);
Damit aus Fremden Freunde werden (EG.E 31)

28.10.: Tag der Apostel Simon und Judas rot

Wie lieblich sind auf den Bergen die Füße des Freudenboten, der da Frieden verkündigt, Gutes predigt, Heil verkündigt, der da sagt zu Zion: Dein Gott ist König! (Jes. 52,7)

I/IV: Joh. 15,17–25 (Ev) ▪ **II/V:** Apg. 1,12–14 (Ep) ▪ **III/VI:** 5. Mose 32,1–4 (AT) ▪ **Ps:** 145,1.2.14.17–21 (EG.E 111) ▪ **Hv:** Ps. 33,1 ▪ **WT:** Eph. 4,7–13

Lieder: Die Kirche steht gegründet (EG 264); Die Heiligen, uns weit voran (EG.E 27)

1841 Starez Leonid †

Tag der Vereinten Nationen

25 Montag

1961 Rudolf Schäfer †

1. Sam. 19,1–7; Jes. 32,1–8
F. Lk. 13,22–30
L. Ps. 83,2–3; Mt. 6,13

26 Dienstag

1608 Philipp Nicolai †
1944 William Temple †

1. Sam. 26,5–9.12–14.17–24;
2. Kor. 10,1–6
F. Lk. 13,31–35
L. Ps. 20,8; Hebr. 12,1–2

1553 Michael Servet †

Mittwoch 27

1. Kor. 6,1–8(9–11); *1. Thess. 5,9–15*
F. Lk. 14,1–6
L. Ps. 34,4; 2. Kor. 1,20

1951 Karl Koch †
Tag der Apostel Simon und Judas

◑ Donnerstag 28

2. Kor. 6,1–10; *2. Kor. 6,11–18(7,1)*
F. Lk. 14,7–14
L. Jer. 3,23; Mt. 15,35–36

29 Freitag

Lk. 22,49–53; 1. Joh. 3,13–18
F. Lk. 14,15–24
L. 1. Chr. 29,11; Hebr. 4,16

1525 Erster deutscher Gottesdienst in Wittenberg
1675 Andreas Hammerschmidt †

30 Sonnabend

2. Tim. 2,1–5(6)
F. Lk. 14,25–35
L. 2. Mose 15,26; Lk. 4,40

1553 Jakob Sturm (Tetrapolitana) †
1910 Henry Dunant †

Gedenktag der Reformation 31

rot

Einen andern Grund kann niemand legen außer dem, der gelegt ist, welcher ist Jesus Christus. (1. Kor. 3,11)

I: 5. Mose 6,4–9 (AT) ▪ **II:** Mt. 10,26b–33 ▪ **III:** **Gal. 5,1–6** ▪ **IV:** Ps. 46,1–12 ▪ **V:** Mt. 5,1–10(11–12) (Ev) ▪ **VI:** Röm. 3,21–28 (Ep) ▪ **Ps:** 46,2–12 (EG.E 56) ▪ **Hv:** Ps. 84,12 ▪ **WT:** Jes. 62,6–7.10–12; Joh. 8,31–36; Röm. 1,16–17; 1. Kor. 1,10–18; Jak. 2,14–18.26 ▪ **Va:** Joh. 8,31–36

K. Jeremias Vision (Jer. 31,31–34) ▪ **F.** Ps. 20 ▪ **L.** Hes. 12,25; 1. Kor. 4,20

Lieder: Nun freut euch, lieben Christen g'mein (EG 341);
Die ganze Welt hast du uns überlassen, Herr (EG 360)

22. Sonntag nach Trinitatis grün

Bei dir ist die Vergebung, dass man dich fürchte. (Ps. 130,4)

I: Mt. 18,21–35 (Ev) ▪ **II:** Röm. 7,14–25a (Ep) ▪ **III:** **Jes. 44,21–23** (AT) ▪ **IV:** Mt. 18,15–20 ▪ **V:** 1. Joh. 2,12–14 ▪ **VI:** Mi. 6,1–8 ▪ **Ps:** 143,1–9 (EG.E 110) ▪ **Hv:** Ps. 147,3 ▪ **WT:** Sir. 28,1–9; Mk. 11,24–25; Phil. 1,3–11; 1. Joh. 3,19–24 ▪ **Va:** Hes. 3,16–21 ▪ **A:** Jer. 7,1–11

Lieder: Herz und Herz vereint zusammen (EG 251);
Wo Menschen sich vergessen (EG.E 29)

1517 Luthers 95 Thesen
1731 Vertreibung d. Salzburger
1999 Gemeinsame Erklärung zur Rechtfertigungslehre

Ende der Sommerzeit

1 **Gedenktag der Heiligen** (Montag)

rot (weiß)

Ihr seid nun nicht mehr Gäste und Fremdlinge, sondern Mitbürger der Heiligen und Gottes Hausgenossen. (Eph. 2,19)

I/IV: Offb. 7,9–12 (Ep) ▪ **II/V:** Dan. 7,1–3.13–18.27 (AT) ▪ **III/VI:** Mt. 5,1–10 (Ev) ▪ **Ps:** 150,1–6 (EG.E 114) ▪ **Hv:** Ps. 149,1 ▪ **WT:** Joh. 17,6–14(15–19); Hebr. 11,1–12,3 ▪ **Va:** Joh. 17,6–14(15–19)

2. Mose 32,15–20(21–24) ▪ **F.** Lk. 15,1–10 ▪ **L.** Jes. 9,2; Joh. 16,24

Lieder: Ich glaube, dass die Heiligen (EG 253); Die Heiligen, uns weit voran (EG.E 27)

1558 Erhard Schnepf †
1833 Rauhes Haus Hamburg eröffnet
1892 Dt. Pfarrerverband
1942 Hugo Distler †

2 Dienstag

Jona 1,1–16.2,1; Jona 3,1–16
F. Lk. 15,11–32
L. Jes. 60,20; Joh. 12,46

1752 Johann Albrecht Bengel †

(Kath.: Allerseelen)

Der Herr aber richte eure Herzen aus auf die Liebe Gottes und auf das Warten auf Christus. *(2. Thess. 3,5)*

753 Pirmin, Apostel d. Alemannen †
1538 Nikolaus Hausmann †

Mittwoch 3

Jona (3,16)4,1–10; Hos. 12,1–7
F. Lk. 16,1–9
L. 3. Mose 10,3; 1. Kor. 3,16

1698 Claude Brousson †

● Donnerstag 4

Mt. 7,1–5(6); Mk. 7,(14–17)18–23
F. Lk. 16,10–13
L. Jes. 61,10; Apg. 8,39

5 Freitag

Mt. 26,20–25; *Mt. 12,32–37*
F. Lk. 16,14–18
L. Jes. 5,20; 1. Petr. 2,21–22

1414 Beginn d. Konzils zu Konstanz (bis 1418)
1758 Hans Egede †

6 Sonnabend

Offb. 3,14–22
F. Lk. 16,19–31
L. Ps. 94,18; Lk. 22,32

1631 Johann Lindemann †
1632 Gustav Adolf †
1672 Heinrich Schütz †
1905 George Williams †
1999 Hermann Kunst †

Drittletzter Sonntag des Kirchenjahres 7

grün

Selig sind, die Frieden stiften; denn sie werden Gottes Kinder heißen. (Mt. 5,9)

I: Lk. 6,27–38 ▪ **II:** 1. Thess 5,1–6(7–11) ▪ **III: Ps. 85,1–14** ▪ **IV:** Lk. 17,20–24(25–30) (Ev) ▪ **V:** Röm. 8,18–25 (Ep) ▪ **VI:** Mi 4,1–5(7b) (AT) ▪ **Ps:** 85,9–14 (EG.E 74) ▪ **Hv:** Ps. 85,10 ▪ **WT:** Jer. 18,1–10; Pred. 8,6–9 ▪ **Va:** 1. Mose 4,3–16 ▪ **A:** 1. Mose 13,1–12(13)

K. Geheimnis des Glaubens (1. Kor. 1,26–2,5) ▪ **F.** Ps. 21 ▪ **L.** Jes. 59,21; Röm. 15,4

Lieder: Wir warten dein, o Gottes Sohn (EG 152);
Es wird sein in den letzten Tagen (EG 426)

9.11.: Tag des Gedenkens an die Novemberpogrome violett

Wer weiß, Gutes zu tun, und tut's nicht, dem ist's Sünde. (Jak. 4,17)

I: Mk. 14,66–72 (Ev) ▪ **II:** 1. Petr. 5,8–9 (Ep) ▪ **III: Spr. 24,10–12** (AT) ▪ **IV:** Lk. 22,31–34 ▪ **V:** Mt. 24,23–27 ▪ **VI:** 2. Mose 1,15–22 ▪ **Ps:** 74,1–3.8–11.20–21 (EG.E 70) ▪ **WT:** Spr. 31,8–9; Offb. 20,11–15; Eph. 6,10–17

Lieder: Nimm von uns, Herr, du treuer Gott (EG 146);
O Herr, nimm unsre Schuld (EG 235)

11.11.: Martinstag (Bischof Martin von Tours) weiß (rot)

Was ihr getan habt einem von diesen meinen geringsten Brüdern, das habt ihr mir getan. (Mt. 25,40b)

I/IV: Jes. 58,6–11 (AT) ▪ **II/V:** Mt. 25,31–40 (Ev) ▪ **III/VI:** 2. Kor. 8,7–9 (Ep) ▪ **Ps:** 146,1–10 (EG.E 112) ▪ **Hv:** Ps. 149,1 ▪ **WT:** Mt. 6,19–24; Mt. 20,20–28; 1. Petr. 4,7–11

Lieder: Herr, mach uns stark im Mut, der dich bekennt (EG 154);
Die Heiligen, uns weit voran (EG.E 27)

---

739 Willibrord, Apostel d. Friesen, †

Beginn der Ökumenischen Friedensdekade (7. bis 17.11.)

8 Montag

789 Willehad †
1920 Abraham Kuyper †

1. Mose 26,19–22(23–25)26–31;
1. Mose 33,1–4(5–7)8–11
F. Lk. 17,1–10
L. Ps. 63,7; 1. Kor. 13,12

9 Dienstag

1896 Emil Frommel †
2002 Dieter Trautwein †

Tag des Gedenkens an die Novemberpogrome

1. Chr. 22,6–10; *Jes. 57,17–19(20.21)*
F. Lk. 17,11–19
L. Ps. 51,19; Lk. 15,21

Mittwoch **10**

461 Leo der Große †
1483 Martin Luther *
1878 Adalbert Graf v.d. Recke-Volmarstein
1943 Karl Friedrich Stellbrink †

Sach. 8,11–17; Mt. 5,21–26
F. Lk. 17,20–37
L. Jer. 18,14–15; Joh. 15,9

◐ Donnerstag **11**

397 Martin v. Tours †
1855 Søren Kierkegaard †
1947 Martin Dibelius †

Bischof Martin von Tours

Röm. 14,(14–16)17–21; *Lk. 9,51–56*
F. Lk. 18,1–8
L. 1. Mose 3,6; Röm. 12,2

12 Freitag

1862 Christian Gottlieb Barth †

Joh. 18,10.11; Jak. 3,13–18
F. Lk. 18,9–17
L. Jes. 2,12; 1. Petr. 5,5

13 Sonnabend

354 Augustinus von Hippo *

1. Petr. 3,8–17
F. Lk. 18,18–30
L. Jes. 45,15; Eph. 3,20–21

Vorletzter Sonntag des Kirchenjahres **14**
Volkstrauertag

grün

Wir müssen alle offenbar werden vor dem Richterstuhl Christi. (2. Kor. 5,10a)

I: Hiob 14,1–6(7–12)13(14)15–17 (AT) ▪ **II:** Lk. 16,1–8(9) ▪ **III: 2. Kor. 5,1–10** ▪ **IV:** Lk. 18,1–8 ▪ **V:** Mt. 25,31–46 (Ev) ▪ **VI:** Röm. 14,(1–6)7–13 (Ep) ▪ **Ps:** 50,1–6.14. 15.23 (EG.E 59) ▪ **Hv:** Ps. 50,6 ▪ **WT:** Jer. 8,4–7; Mt. 13,47–50; Offb. 2,8–11; Offb. 20,11–15 ▪ **Va:** Mt. 7,21–27(28.29) ▪ **A:** Offb. 20,11–15

K. Gewissheit der Liebe (1. Kor. 13) ▪ **F.** Ps. 6 ▪ **L.** Jes. 58,1; Gal. 4,9

Lieder: Es ist gewisslich an der Zeit (EG 149); Es mag sein, dass alles fällt (EG 378)

1716 Gottfried Wilhelm Leibniz †
1865 Ludwig (Louis) Harms †

15 Montag

1280 Albertus Magnus †
1630 Johannes Kepler †
1670 Amos Comenius †

Mt. 25,14–20; Jes. 58,6–12
F. 1. Thess. 1,1–10
L. Hes. 36,36; Apg. 11,20–21

16 Dienstag

1548 Caspar Cruciger †

Jer. 8,4–9; Jdt. 4,9–13(14.15)
oder Spr. 1,20–28
F. 1. Thess. 2,1–12
L. 1. Sam. 3,9; Apg. 16,14

(Mittwoch) **Buß- und Bettag** **17**

violett

Gerechtigkeit erhöht ein Volk; aber die Sünde ist der Leute Verderben. (Spr. 14,34)

I: Röm. 2,1–11 (Ep) ▪ **II:** Jes. 1,10–18 (AT) ▪ **III:** **Mt. 7,12–20** ▪ **IV:** Offb. 3,1–6 ▪ **V:** Hes. 22,23–31 ▪ **VI:** Lk. 13,(1–5)6–9 (Ev) ▪ **Ps:** 130,1–8 (EG.E 106) ▪ **WT:** Jona 3; Mt. 12,33–35(36–37); Lk. 13,22–30; 1. Joh. 1,5–2,6 ▪ **A:** Lk. 15,(1–3)4–10

F. 1. Thess. 2,13–20 ▪ **L.** Jes. 50,10; 2. Petr. 1,19

Lieder: Aus tiefer Not schrei ich zu dir (EG 299); Komm in unsre stolze Welt (EG 428)

594 Gregor von Tours †
1231 Elisabeth von Thüringen †
1624 Jakob Böhme †

1828 Ludwig Hofacker †

Donnerstag **18**

2. Thess. 1,3–12; Hes. 14,12–23
F. 1. Thess. 3,1–13
L. Ps. 42,2; Offb. 21,6

19 Freitag ○

1938 Otto Riethmüller †
1938 Wilhelm Flor †

Mt. 26,59–66; *Hebr. 13,17–21*
F. 1. Thess. 4,1–12
L. Ps. 68,21; 1. Thess. 4,14

20 Sonnabend

1022 Bernward von Hildesheim †
1541 Calvins Kirchenordnung in Genf

2. Petr. 3,(13)14–18
F. 1. Thess. 4,13–18
L. Spr. 3,27; 2. Thess. 3,13

Letzter Sonntag des Kirchenjahres **21**
(Ewigkeitssonntag / Totensonntag)

Ewigkeitssonntag weiß

Lasst eure Lenden umgürtet sein und eure Lichter brennen. (Lk. 12,35)

I: Mt. 25,1–13 (Ev) ▪ **II:** Offb. 21,1–7 (Ep) ▪ **III: Jes. 65,17–19(20–22)23–25** (AT) ▪ **IV:** Mk. 13,28–37 ▪ **V:** 2. Petr. 3,(3–7)8–13 ▪ **VI:** Ps. 126 ▪ **Ps:** 126,1–6 (EG.E 104) ▪ **Hv:** Ps. 16,11 ▪ **WT:** Mt. 22,23–33; Hebr. 4,9–11; 1. Thess. 4,13–18 ▪ **Va:** Lk. 12,35–40 ▪ **A:** Joh. 5,24–29

K. Gemeinschaft der Hoffnung (1. Kor. 15,35–44a) ▪ **F.** Ps. 4 ▪ **L.** Spr. 21,2; Röm. 16,19

Lieder: Wachet auf, ruft uns die Stimme (EG 147 und 535);
Der Himmel, der ist, ist nicht der Himmel, der kommt (EG 153)

Totensonntag (Gedenken der Entschlafenen) weiß

Lehre uns bedenken, dass wir sterben müssen, auf dass wir klug werden. (Ps. 90,12)

I: Joh. 5,24–29 (Ev) ▪ **II:** 1. Kor. 15,35–38.42–44a (Ep) ▪ **III: 5. Mose 34,1–8** (AT) ▪ **IV:** Joh. 6,37–40 ▪ **V:** Dan. 12,1b-3 ▪ **VI:** Ps. 90,1–14(15–17) ▪ **Ps:** 90,1–14 ▪ **Hv:** Ps. 16,11 ▪ **WT:** Ps. 103,13–18; Weish. 3,1–5; Phil. 1,21–26; 1. Thess. 4,13–16 ▪ **Va:** Jes. 26,16–19 ▪ **A:** Offb. 21,1–7

Lieder: Jesus, meine Zuversicht (EG 526); Du kannst nicht tiefer fallen (EG 533)

1541 Wolfgang Capito †

(Kath.: Christkönigsfest)

22 Montag

um 230 Cäcilia †

Weish. 1,13–15; 2,23–25 oder Hes. 18,21–23;
Hebr. 12,18–25
F. 1. Thess. 5,1–11
L. Nah. 2,1; 2. Kor. 5,18

23 Dienstag

um 100 Clemens v. Rom †
615 Kolumban †
1906 William Wrede †

Tob. 13,10–18 oder Sach. 8,1–8;
Jes. 35,8–10
F. 1. Thess. 5,12–28
L. Zef. 3,16–17; Joh. 21,3–4

1531 Johannes Oecolampadius †
1572 John Knox, Reformator Schottlands, †

Mittwoch **24**

1. Kor. 3,9–15; Dan. 7,1.9–14
F. 2. Thess. 1,1–12
L. 5. Mose 29,17; 1. Thess. 3,12

---

um 307 Katharina †
1867 Clemens Theodor Perthes †

Donnerstag **25**

Hebr. 13,1–9;
1. Joh. 2,(18)22–25(26–29)
F. 2. Thess. 2,1–12
L. Hos. 14,4; Eph. 2,19

26 Freitag

975 Konrad von Konstanz †

Mt. 27,50–54; *Hebr. 13,10–16*
F. 2. Thess. 2,13–3,5
L. Ps. 94,9; Mt. 6,8

27 Sonnabend ◑

511 Chlodwig †
784 Virgilius v. Salzburg †

Offb. 21,10–14.21–27
F. 2. Thess. 3,6–18
L. Ps. 17,7; 1. Thess. 5,23

1. Sonntag im Advent 28

violett

Siehe, dein König kommt zu dir, ein Gerechter und ein Helfer. (Sach. 9,9b)

I: Mt. 21,1–11 (Ev) ▪ **II:** Röm. 13,8–12 (Ep) ▪ **III:** Sach. 9,9–10 (AT) ▪ **IV:** **Jer. 23,5–8** ▪ **V:** Offb. 3,14–22 ▪ **VI:** Ps. 24,1–10 ▪ **Ps:** 24,1–10 (EG.E 41) ▪ **Hv:** Ps. 50,2.3a ▪ **WT:** Hebr. 10,(19–22)23–25; Offb. 5,1–5(6–10)11–14 ▪ **Va:** Jes. 11,1–9 ▪ **A:** 2. Sam. 7,2–6.10.11b–14a

K. Lebkuchen (Mi. 5,1) ▪ **F.** Ps. 24 ▪ **L.** Ps. 119,76; Lk. 2,25

Lieder: Nun komm der Heiden Heiland (EG 4); Wie soll ich dich empfangen (EG 11)

30.11.: Tag des Apostels Andreas rot

Wie lieblich sind auf den Bergen die Füße des Freudenboten, der da Frieden verkündigt, Gutes predigt, Heil verkündigt, der da sagt zu Zion: Dein Gott ist König! (Jes. 52,7)

I/IV: Röm. 10,9–18 (Ep) ▪ **II/V:** 5. Mose 30,11–14 (AT) ▪ **III/VI:** Joh. 1,35–42 (Ev) ▪ **Ps:** 146,1–10 (EG.E 112) ▪ **Hv:** Ps. 33,1 ▪ **WT:** Mt. 4,18–22

Lieder: Die Kirche steht gegründet (EG 264); Die Heiligen, uns weit voran (EG.E 27)

1541 Margarete Blarer †

(Orth.: Beginn des Weihnachtsfastens)

29 Montag

1. Petr. 1,(8–9)10–13; Hab. 2,1–4
F. Sach. 1,1–6
L. 5. Mose 28,1.6; Mt. 12,50

nach 250 Saturninus †
1543 Hans Holbein d. J. †
1975 Heinrich Grüber †
1980 Dorothy Day †

(Jüd.: Chanukka, 29.11. bis 6.12.)

30 Dienstag

Hebr. 10,32–39; Mi. 2,1–5.12–13
F. Sach. 1,7–17
L. Ps. 31,16; Lk. 12,25

1728 Alexander Roussel †

Tag des Apostels Andreas

660 Eligius †
1709 Abraham a Santa Clara †

Mittwoch 1

Kol. 1,9–14; 2. Sam. 23,1–7
F. Sach. 2,1–9
L. 2. Mose 33,15; Joh. 10,4

1381 Jan van Ruysbroek †
1570 Matthäus Alber †
1860 Ferdinand Christian Baur †

Donnerstag 2

1. Thess. 5,1–6; Jer. 30,18–22
F. Sach. 2,10–17
L. Jes. 51,4; 1. Joh. 2,8

Freue dich und sei fröhlich, du Tochter Zion! Denn siehe, ich komme und will bei dir wohnen, spricht der Herr. *(Sach. 2,14)*

3 Freitag

Mt. 27,27–30; *Hes. 37,24–28*
F. Sach. 3,1–10
L. 2. Mose 9,34; Röm. 2,4

1706 Ämilie Juliane von Schwarzburg-Rudolstadt †
1948 Grundordnung der EKD tritt in Kraft

4 Sonnabend ●

Phil. 1,3–11
F. Sach. 4,1–14
L. Jes. 45,17; Mt. 13,43

306 Barbara †
1563 Konzil von Trient beendet
1865 Adolf Kolping †

(Orth.: Darstellung Mariä im Tempel)

2. Sonntag im Advent **5**

violett

Seht auf und erhebt eure Häupter, weil sich eure Erlösung naht. (Lk. 21,28)

I: Jes. 35,3–10 ▪ **II:** Lk. 21,25–33 (Ev) ▪ **III:** Jak 5,7–8(9–11) (Ep) ▪ **IV:** **Jes. 63,15–64,3** (AT) ▪ **V:** Hld. 2,8–13 ▪ **VI:** Offb. 3,7–13 ▪ **Ps:** 80,2.3b.5.6.15.16.19.20 (EG.E 71) ▪ **Hv:** Ps. 96,13b ▪ **WT:** Mt. 24,1–14; Offb. 2,1–7; Offb. 22,12–17 ▪ **Va:** Hag. 2,1–9 ▪ **A:** Jes. 26,7–12

K. Spekulatius – Nikolaus (Jes. 58,7–11) ▪ **F.** 1. Sam. 2,1–10 ▪ **L.** Ps. 86,11; Joh. 14,6

Lieder: O Heiland, reiß die Himmel auf (EG 7);
Es kommt die Zeit, in der die Träume sich erfüllen (EG.E 8)

6.12.: Nikolaustag (Bischof Nikolaus von Myra) rot oder weiß

Selig sind die Barmherzigen; denn sie werden Barmherzigkeit erlangen. (Mt. 5,7)

I/IV: Mt. 6,1–4 (Ev) ▪ **II/V:** Eph. 2,1–10 (Ep) ▪ **III/VI:** Jes. 61,1–2.10 (AT) ▪ **Ps:** 138,1–8 (EG.E 107) ▪ **Hv:** Ps. 149,1 ▪ **WT:** Mt. 14,22–33; Lk. 18,15–17; Lk. 18,18–27

Lieder: Herr, mach uns stark im Mut, der dich bekennt (EG 154);
Die Heiligen, uns weit voran (EG.E 27)

1862 Aloys Henhöfer †
1919 Friedrich Zimmer †

Tag des Ehrenamts

6 Montag

Hebr. 6,9–12; *Jes. 25,1–8*
F. Sach. 5,1–11
L. 2. Mose 3,5; Hebr. 12,28

350 Nikolaus †
1564 Ambrosius Bla(u)rer †
1945 Leonhard Ragaz †

Nikolaustag (Bischof Nikolaus von Myra)

7 Dienstag

Offb. 2,12–17; Jes. 59,15b–20
F. Sach. 6,1–8
L. Jer. 10,12; Hebr. 11,3

1724 Opfer des „Thorner Blutgerichts" †
1874 Konstantin von Tischendorf †

1649 Martin Rinckart †
(Kath.: Mariä unbefleckte Empfängnis)

Mittwoch 8

2. Kor. 5,1–10; Jes. 44,6–9
F. Sach. 6,9–15
L. 2. Mose 32,31.32; Hebr. 3,12–13

1691 Richard Baxter († 8.12.)

Donnerstag 9

Offb. 5,6–10; *Jer. 31,1–7*
F. Sach. 7,1–14
L. Joel 2,11–12; Lk. 12,36

10 Freitag

Lk. 22,66–71; Zef. 3,9–13
F. Sach. 8,1–8
L. Jes. 60,10; Kol. 2,14

1520 Luther verbrennt Bannandrohungsbulle
1524 Heinrich Zütphen †
1868 Friedrich Wilhelm Krummacher †
1968 Karl Barth †

Tag der Menschenrechte

11 Sonnabend 

1. Thess. 4,13–18
F. Sach. 8,9–19
L. Ps. 33,10; 1. Kor. 1,20

1910 Lars Olsen Skrefsrud †
1942 Jochen Klepper †

3. Sonntag im Advent 12

violett

Bereitet dem HERRN den Weg; denn siehe, der HERR kommt gewaltig. (Jes. 40,3.10)

I: Röm. 15,4–13 ▪ **II:** Lk. 3,(1–2)3–14(15–17)18(19–20) ▪ **III:** Lk. 1,67–79 (Ev) ▪ **IV:** **1. Kor. 4,1–5** (Ep) ▪ **V:** Jes. 40,1–11 (AT) ▪ **VI:** Mt. 11,2–10 ▪ **Ps:** 85,2–8 (EG.E 73) oder Lk. 1,68–79 (EG.E 117) ▪ **Hv:** Ps. 116,5 ▪ **WT:** Jes. 45,1–8; Joh. 1,19–23; Joh. 5,31–40 ▪ **Va:** Jes. 45,1–8 ▪ **A:** Jes. 1,2–9

K. Sternplätzchen (Mt. 2,1–11 i. A.) ▪ **F.** Lk. 1,68–79 ▪ **L.** Hes. 39,7; Joh. 17,26

Lieder: Mit Ernst, o Menschenkinder (EG 10); Die Nacht ist vorgedrungen (EG 16)

1154 Vicelin †

13 Montag

um 720 Odilia †
1769 Christian Fürchtegott Gellert †

Mt. 3,1–6; Jes. 56,1–8
F. Sach. 8,20–23
L. Ps. 74,21; Lk. 1,58

14 Dienstag

1272 Berthold von Regensburg †
1417 John Oldcastle †

Mt. 3,7–12; Jes. 45,14–21
F. Sach. 9,9–12
L. Ps. 119,19; Eph. 5,15–16

1901 Gerhard Uhlhorn †
1911 Eberhard v. Rothkirch †

Mittwoch 15

Joh. 1,24–28; *Hos. 14,2–10*
F. Sach. 10,1–12
L. Jer. 30,12.17; 1. Petr. 2,24

999 Adelheid †
1903 Hanna Faust †

Donnerstag 16

Mt. 11,11–15; Bar. 5,1–9; Jer. 14,2–9
F. Sach. 11,4–17
L. Jos. 2,11; Mt. 28,20

17 Freitag

Joh. 19,17–22; *Zef. 3,14–20*
F. Sach. 12,9–13,1
L. Klgl. 3,24; 1. Petr. 1,8–9

779 Abt Sturm von Fulda †
1939 Einar Billing †
1964 Lev Zander †

18 Sonnabend

2. Kor. 1,18–22
F. Sach. 14,1–11
L. 1. Mose 5,2; Jud. 2

761/787 Wunibald und Willibald †
1876 Luise Hensel †
1970 Marc Boegner †

4. Sonntag im Advent **19**

violett (rosa)

Freuet euch in dem Herrn allewege, und abermals sage ich: Freuet euch! Der Herr ist nahe! (Phil. 4,4.5b)

I: Lk. 1,(26–38)39–56 ▪ **II:** 2. Kor. 1,18–22 ▪ **III:** 1. Mose 18,1–2.9–15 ▪ **IV: Lk. 1,26–38(39–56)** (Ev) ▪ **V:** Phil. 4,4–7 (Ep) ▪ **VI:** Jes. 62,1–5 (AT) ▪ **Ps:** 102,13.14.16–18.20–23 (EG.E 86) oder Lk. 1,46–55 (EG.E 116) ▪ **Hv:** Ps. 45,2a ▪ **WT:** Hes. 17,22–24; Röm. 5,12–14(18–21) ▪ **Va:** Offb. 22,(12–14)16.17.20.21 ▪ **A:** Am. 9,11–15

K. Butterplätzchen (Mt. 1,18–21) ▪ **F.** Lk. 1,46–55 ▪ **L.** Ps. 105,3; 2. Kor. 13,11

Lieder: Nun jauchzet, all ihr Frommen (EG 9);
O komm, o komm, du Morgenstern (EG 19)

3.7. oder 21.12.: Tag des Apostels Thomas rot

Wie lieblich sind auf den Bergen die Füße des Freudenboten, der da Frieden verkündigt, Gutes predigt, Heil verkündigt, der da sagt zu Zion: Dein Gott ist König! (Jes. 52,7)

I/IV: Joh. 20,(19–20)24–29 (Ev) ▪ **II/V:** 2. Kor. 5,1–10 (Ep) ▪ **III/VI:** Ri. 6,36–40 (AT) ▪ **Ps:** 18,2–7.17.20 (EG.E 35) ▪ **Hv:** Ps. 33,1 ▪ **WT:** 2. Kor. 4,1–6; Joh. 14,1–6; 1. Mose 15,1–6

Lieder: Ich steh vor dir mit leeren Händen, Herr (EG 382);
Die Heiligen, uns weit voran (EG.E 27)

---

220 Clemens von Alexandrien †
1944 Paul Blau †

20 Montag

Offb. 5,1–5; *Jer. 30,8–11a*
F. Mal. 1,1–14
L. Jes. 45,12; Joh. 1,11

1545 Reformation in der Kurpfalz
1552 Katharina Luther, geb. v. Bora, †
1877 Johann von Hofmann †

21 Dienstag

Offb. 3,7–13; Jes. 60,16b–22
F. Mal. 2,17–3,5
L. Ps. 24,8; Mt. 21,9

1597 Petrus Canisius †

Tag des Apostels Thomas (3.7. oder 21.12.)

Winteranfang

1899 Dwight Lyman Moody †

Mittwoch **22**

Offb. 22,(12–14)16.17.20.21;
Am. 9,11–15
F. Mal. 3,6–12
L. 4. Mose 14,20; Eph. 1,7

1559 Anne Dubourg †
1932 Paul Billerbeck †

Donnerstag **23**

Röm. 16,24–27; *Jes. 7,10–14*
F. Mal. 3,13–18
L. Klgl. 3,41; Eph. 6,18

24 Heiliger Abend (Freitag)

Christvesper weiß (gold)

Fürchtet euch nicht! Siehe, ich verkündige euch große Freude, die allem Volk widerfahren wird; denn euch ist heute der Heiland geboren, welcher ist Christus, der Herr, in der Stadt Davids. (Lk. 2,10b.11)

I: Jes. 9,1–6 (AT) ▪ **II:** Hes. 37,24–28 ▪ **III:** Jes. 11,1–10 ▪ **IV: Mi. 5,1–4a** ▪ **V:** Lk. 2,1–20 (Ev) ▪ **VI:** Gal. 4,4–7 (Ep) ▪ **Ps:** 96,1–3.7–13 (EG.E 82) ▪ **Hv:** Ps. 96,11a.13a ▪ **Weissagungen:** Mi. 5,1–4a; Jes. 9,5–6; Jes. 11,1–2; Jer. 23,5–6; Jer. 31,31–34 ▪ **WT:** 2. Sam. 7,4–6.12–14a; Ps. 2,1–12; Joh. 3,31–36; 1. Joh. 4,9–10 ▪ **Morgenlese:** Röm. 5,12–14.18–21

K. Christstollen: Ein Kind, in Windeln gewickelt (Lk. 2,1–20) ▪ **F.** Mal. 3,19–24 ▪ **L.** Ps. 38,22; Lk. 1,68

Lieder: Vom Himmel hoch, da komm ich her (EG 24);
Lobt Gott, ihr Christen alle gleich (EG 27)

In der Christnacht weiß (gold)

I: 1. Tim. 3,16 (Ep) ▪ **II:** Sach. 2,14–17 (AT) ▪ **III:** Mt. 1,18–25 ▪ **IV: Tit. 2,11–14** ▪ **V:** Hes. 34,23–31 ▪ **VI:** Lk. 2,1–20 (Ev) ▪ **Ps:** 96,1–3.7–13 (EG.E 82) ▪ **Hv:** Ps. 96,11a.13a ▪ **WT:** 2. Sam. 7,4–6.12–14a; Ps. 2,1–12; Joh. 3,31–36; 1. Joh. 4,9–10

Lieder: Es ist ein Ros entsprungen (EG 30); Ich steh an deiner Krippen hier (EG 37)

1541 Andreas Bodenstein (Karlstadt) †
1996 Gottfried Forck †

(Sonnabend) **1. Weihnachtstag** 25

weiß (gold)

Das Wort ward Fleisch und wohnte unter uns, und wir sahen seine Herrlichkeit. (Joh. 1,14a)

I: Joh. 1,1–5.9–14(16–18) (Ev) ▪ **II:** Tit. 3,4–7 (Ep) ▪ **III:** Jes. 52,7–10 (AT) ▪ **IV: 1. Joh. 3,1–2(3–5)** ▪ **V:** Kol. 2,3(4–5)6–10 ▪ **VI:** 2. Mose 2,1–10 ▪ **Ps:** 96,1–3.7–13 (EG.E 82) ▪ **Hv:** Ps. 98,3 ▪ **WT:** Joh. 3,31–36; 1. Kor. 8,5–6; 1. Joh. 4,9–10 ▪ **A:** 2. Kor. 8,7–9

K. Christstollen: Ein Kind, in Windeln gewickelt (Lk. 2,1–20) ▪ **F.** Ps. 2 ▪ **L.** 5. Mose 13,1; 1. Joh. 3,23

Lieder: Gelobet seist du, Jesu Christ (EG 23); Herbei, o ihr Gläub'gen (EG 45)

496 Taufe Chlodwigs
785 Taufe Widukinds
1928 Matilda Wrede †

26 2. Weihnachtstag

weiß (gold)

Das Wort ward Fleisch und wohnte unter uns, und wir sahen seine Herrlichkeit. (Joh. 1,14a)

I: Röm. 1,1–7 ▪ **II:** Mt. 1,18–25 (Ev) ▪ **III:** Hebr. 1,1–4(5–14) (Ep) ▪ **IV: Jes. 7,10–14** (AT) ▪ **V:** Mt. 1,1–17 ▪ **VI:** 2. Kor. 8,7–9 ▪ **Ps:** 96,1–3.7–13 ▪ **Hv:** Ps. 98,3 ▪ **WT:** Joh. 3,31–36; 1. Joh. 4,9–10; Offb. 7,9–17 ▪ **A:** 1. Joh. 3,1.2.(3–5)

K. Christstollen: Ein Kind, in Windeln gewickelt (Lk. 2,1–20) ▪ **F.** Lk. 2,29–32 ▪ **L.** Ps. 109,21; Apg. 7,59–60

Lieder: Zu Bethlehem geboren (EG 32); Kommt und lasst uns Christus ehren (EG 39)

oder 26.12.: Tag des Erzmärtyrers Stephanus rot

Der Tod seiner Heiligen wiegt schwer vor dem HERRN. Dir will ich Dankopfer bringen und des HERRN Namen anrufen. (Ps. 116,15.17)

I: 2. Chr. 24,19–21 (AT) ▪ **II:** Hebr. 10,32–39 ▪ **III:** Offb. 7,9–12(13–17) ▪ **IV: Jer. 26,1–13** ▪ **V:** Mt. 10,16–22 (Ev) ▪ **VI:** Apg. 6,8–15; 7,(1–54)55–60 (Ep) ▪ **Ps:** 31,2–6.8.9.16.17 (EG.E 45) ▪ **Hv:** Ps. 116,15.17 ▪ **WT:** Ps. 119,81–82.84–86

Lieder: Geist des Glaubens, Geist der Stärke (EG 137);
Herr, mach uns stark im Mut, der dich bekennt (EG 154)

27.12.: Tag des Apostels und Evangelisten Johannes weiß

Gehet hin in alle Welt und predigt das Evangelium aller Kreatur. (Mk. 16,15b)

I: 1. Joh. 1,1–4 (Ep) ▪ **II/V:** Spr. 8,22–36 (AT) ▪ **III/VI:** Joh. 21,20–24 (Ev) ▪ **Ps:** 92,2–6.13–16 (EG.E 80) ▪ **Hv:** Ps. 33,1 ▪ **WT:** Spr. 2,1–11

Lieder: Herr, mach uns stark im Mut, der dich bekennt (EG 154);
Herr, du hast darum gebetet (EG 267)

28.12.: Tag der unschuldigen Kinder rot

Der Tod seiner Heiligen wiegt schwer vor dem Herrn. Dir will ich Dankopfer bringen und des Herrn Namen anrufen. (Ps. 116,15.17)

I/IV: Mt. 2,13–18 (Ev) ▪ **II/V:** Offb. 12,1–6(13–17) (Ep) ▪ **III/VI:** Jer. 31,15–17 (AT) ▪ **Ps:** 8,2–10 (EG.E 34) ▪ **Hv:** Ps. 116,15.17

Lieder: Vom Himmel kam der Engel Schar (EG 25); Es mag sein, dass alles fällt (EG 378)

1910 Gustav Warneck †
1969 Josef Lukl Hromádka †
1989 Heinrich Vogel †

Tag des Erzmärtyrers Stephanus

◑ Montag 27

1543 Georg der Fromme †
1555 Johann Arndt *

Tag des Apostels und Evangelisten Johannes

1. Joh. 2,5–8
F. Joh. 1,1–5
L. Jer. 2,35; 1. Petr. 1,13

Dienstag 28

1524 Johann von Staupitz †
1704 Reinhard Hedinger †
1995 Madeleine Barot †

Tag der unschuldigen Kinder

Mt. 2,13–18; Offb. 7,1–4.9–12
F. Joh. 1,6–8
L. Jos. 24,16; Jud. 20–21

29 Mittwoch

1. Joh. 4,12–16a; Jes. 46,3–5.8–10
F. Joh. 1,9–13
L. Ps. 30,2; Lk. 1,78–79

1170 Thomas Becket †
1608 Martin Schalling †
1956 Martin Albertz †

1968 Hans Asmussen †

Donnerstag 30

Röm. 1,1–7; *Jes. 63,7–14*
F. Joh. 1,14–18
L. Ps. 74,16; Röm. 13,12–13

31 Altjahrsabend (Freitag)

weiß

Meine Zeit steht in deinen Händen. (Ps. 31,16a)

I: Jes. 51,4–6 ▪ **II:** Hebr. 13,8–9b ▪ **III:** 2. Mose 13,20–22 ▪ **IV: Mt. 13,24–30** (Ev) ▪ **V:** Röm. 8,31b–39 (Ep) ▪ **VI:** Pred. 3,1–15 (AT) ▪ **Ps:** 121,1–8 (EG.E 102) ▪ **Hv:** Ps. 124,8 ▪ **WT:** Jes. 30, (8–14)15–17; Lk, 12,35–40; Joh. 8,31–36 ▪ **Morgenlese:** 5. Mose 33,26–29

F. Ps. 46 ▪ **L.** 4. Mose 21,7; Jud. 22

Lieder: Nun lasst uns gehn und treten (EG 58);
Von guten Mächten treu und still umgeben (EG 65)

1384 John Wyclif †
1948 Vereinigte Evangelisch-Lutherische Kirche (VELKD) in Deutschland konstituiert

Die beweglichen evangelischen Hauptfeste 2019 bis 2025

Jahr	Ep.S.	Ostersonntag	Himmelfahrt	Pfingstsonntag	Tr. S.	Bußt.	1. Advent	1. Weihnachtstag
2019	4	21. April	30. Mai	9. Juni	21	20. Nov.	1. Dez.	Mittwoch
2020	4	12. April	21. Mai	31. Mai	22	18. Nov.	29. Nov.	Freitag
2021	4	4. April	13. Mai	23. Mai	23	17. Nov.	28. Nov.	Sonnabend
2022	4	17. April	26. Mai	5. Juni	21	16. Nov.	27. Nov.	Sonntag
2023	4	9. April	18. Mai	28. Mai	23	22. Nov.	3. Dez.	Montag
2024	4	31. März	9. Mai	19. Mai	24	20. Nov.	1. Dez.	Mittwoch
2025	4	20. April	29. Mai	8. Juni	21	19. Nov.	30. Nov.	Donnerstag

Besondere Gedenktage 2021

4. 1. 1946	Friedrich von Bodelschwingh d. J. †	75
11. 1. 1546	Ernst der Bekenner von Braunschweig †	475
2. 2. 1746	Matthias Desubas †	275
14. 2. 1546	Luthers letzte Predigt	475
15. 2. 1621	Michael Praetorius †	400
18. 2. 1546	Martin Luther †	475
22. 2. 1546	Luthers Begräbnis	475
11. 3. 2011	Reaktorunfall in Fukushima	10
22. 3. 1946	Clemens August Graf von Galen †	75
16. 4. 1521	Luther auf dem Reichstag zu Worms	500
26. 4. 1986	Reaktorunglück von Tschernobyl	35
4. 5. 1521	Luther auf der Wartburg	500
11. 5. 1621	Johann Arndt †	400
14. 5. 346	Pachomius	1675
26. 5. 1521	Reichsacht über Luther (datiert v. 8.5.)	500
12. 7. 1971	Gerhard Jacobi †	50
25. 7. 1471	Thomas von Kempen †	550
6. 8. 1221	Dominikus †	800
2. 9. 1996	Tullio Vinay †	25
11. 9. 2001	Terroranschlag auf das World Trade Center New York	20
1. 10. 1571	Petrus Herbert †	450
6. 10. 1546	Pierre Leclerc †	475
18. 10. 1896	Johann Ludwig Schneller †	125
20. 10. 1896	Karl Segebrock, Ewald Ovir †	125
9. 11. 1896	Emil Frommel †	125

Katholische und orthodoxe Feiertage 2021

(in Klammern: Gesetzliche Feiertage)

Katholisch

6.1.	Erscheinung des Herrn (Bad.-Württ., Bayern, Sachsen-Anhalt)
10.1.	Taufe des Herrn
2.2.	Darstellung des Herrn (Mariä Lichtmess)
25.3.	Mariä Verkündigung
11.4.	Weißer Sonntag
3.6.	Fronleichnam (Bad.-Württ., Bayern, Hessen, Nordrh.-Westf., Rheinland-Pfalz, Saarland, Sachsen)
11.6.	Herz-Jesu-Fest
12.6.	Herz Mariä
29.6.	Peter und Paul
6.8.	Verklärung des Herrn
15.8.	Mariä Aufnahme in den Himmel (Bayern, Saarland)
8.9.	Mariä Geburt
1.11.	Allerheiligen (Bad.-Württ., Bayern, Nordrh.-Westf., Rheinland-Pfalz, Saarland)
2.11.	Allerseelen
8.12.	Mariä Unbefleckte Empfängnis

Orthodox

(westliches Datum – in Klammern: ostkirchliche Datierung)

7.1.	Geburt unseres Herrn Jesus Christus (25.12.2019)
14.1.	Beschneidung des Herrn (1.1.)
19.1.	Hl. Theophanie (6.1.)
15.2.	Begegnung des Herrn (2.2.)
7.4.	Mariä Verkündigung (25.3.)
2.5.	Orthodoxes Osterfest (19.4.)
10.6.	Christi Himmelfahrt (28.5.)
20.6.	Pfingsten/Pentekoste (7.6.)
19.8.	Christi Verklärung (6.8.)
28.8.	Entschlafen der Gottesgebärerin (15.8.)
14.9.	Beginn des Kirchenjahres (1.9.)
21.9.	Geburt der Gottesgebärerin (8.9.)
27.9.	Kreuzerhöhung (14.9.)
28.11.	Beginn Weihnachtsfasten (15.11.)
4.12.	Darstellung Mariä im Tempel (21.11.)

Jüdische und islamische Feiertage 2021

Jüdisch

(Jüdisches Jahr 5781/5782)

28.1.	Tu biSchwat
26.2.	Purim (Losfest)
27.3.–4.4.	Pessach (Passahfest)
21.4.	Jom ha-Schoa (Gedenktag für die Opfer der Schoa)
17.5.	Schawuoth (Wochenfest)
7.–8.9.	Rosch ha-Schana (Neujahrsfest 5782)
16.9.	Jom Kippur (Versöhnungsfest)
21.–27.9.	Sukkot (Laubhüttenfest) bis
28.9.	Schemini Azeret (Schlussfest)
29.9.	Simchat Tora (Fest der Gesetzesfreude)
29.11.–	Chanukka (Lichterfest, 1. Tag)
6.12.	Chanukka (Lichterfest, 8. Tag)

Islamisch

(wegen der Berechnung nach dem Sichtbarwerden der Mondsichel Verschiebung um einen Tag möglich)

(Islamisches Jahr 1442/1443 n.H.)

13.4.	Beginn des Ramadan
13.4.–15.5.	Fastenbrechenfest
20.–22.7.	Opferfest
9.8.	Islamisches Neujahr (1443 n.H.)
18.8.	Ashura-Fest
18.10.	Mevlid-Nacht

1. Neujahr (Sbd) 52. Woche 2021

2. 1. S. n. Christfest

3. Mo 1. Woche

4. Di

5. Mi

6. Epiphanias

7. Fr

8. Sbd

9. 1. S. n. Epiphanias

10. Mo 2. Woche

11. Di

12. Mi

13. Do

14. Fr

15. Sbd

16. 2. S. n. Epiphanias

17. Mo 3. Woche

18. Di

19. Mi

20. Do

21. Fr

22. Sbd

23. 3. S. n. Epiphanias

24. Mo 4. Woche

25. Di

26. Mi

27. Do

28. Fr

29. Sbd

30. L. S. n. Epiphanias

31. Mo 5. Woche

1. Di
2. Mi
3. Do
4. Fr
5. Sbd
6. 4. S. v. d. P.
7. Mo 6. Woche
8. Di
9. Mi
10. Do
11. Fr
12. Sbd
13. Septuagesimae (3. S. v. d. P.)
14. Mo 7. Woche
15. Di
16. Mi
17. Do
18. Fr
19. Sbd
20. Sexagesimae (2. S. v. d. P.)
21. Mo 8. Woche
22. Di
23. Mi
24. Do
25. Fr
26. Sbd
27. Estomihi (S. v. d. P.)
28. Mo 9. Woche

1. Di
2. Aschermittwoch
3. Do
4. Fr
5. Sbd
6. Invokavit (1. S. d. P.)
7. Mo 10. Woche
8. Di
9. Mi
10. Do
11. Fr
12. Sbd
13. Reminiszere (2. S. d. P.)
14. Mo 11. Woche
15. Di
16. Mi
17. Do
18. Fr
19. Sbd
20. Okuli (3. S. d. P.)
21. Mo 12. Woche
22. Di
23. Mi
24. Do
25. Fr
26. Sbd
27. Lätare (4. S. d. P.)
28. Mo 13. Woche
29. Di
30. Mi
31. Do

1. Fr
2. Sbd
3. Judika **(5. S. d. P.)**
4. Mo 14. Woche
5. Di
6. Mi
7. Do
8. Fr
9. Sbd
10. Palmarum **(6. S. d. P.)**
11. Mo 15. Woche
12. Di
13. Mi
14. Gründonnerstag
15. Karfreitag
16. Karsonnabend
17. Ostersonntag
18. Ostermontag 16. Woche
19. Di
20. Mi
21. Do
22. Fr
23. Sbd
24. Quasimodogeniti **(1. S. n. O.)**
25. Mo 17. Woche
26. Di
27. Mi
28. Do
29. Fr
30. Sbd

1. Miserikordias Domini (2. S. n. O.)

2. Mo 18. Woche

3. Di

4. Mi

5. Do

6. Fr

7. Sbd

8. Jubilate (3. S. n. O.)

9. Mo 19. Woche

10. Di

11. Mi

12. Do

13. Fr

14. Sbd

15. Kantate (4. S. n. O.)

16. Mo 20. Woche

17. Di

18. Mi

19. Do

20. Fr

21. Sbd

22. Rogate (5. S. n. O.)

23. Mo 21. Woche

24. Di

25. Mi

26. Christi Himmelfahrt

27. Fr

28. Sbd

29. Exaudi (6. S. n. O.)

30. Mo 22. Woche

31. Di

1. Mi
2. Do
3. Fr
4. Sbd
5. Pfingstsonntag
6. Pfingstmontag 23. Woche
7. Di
8. Mi
9. Do
10. Fr
11. Sbd
12. Trinitatis
13. Mo 24. Woche
14. Di
15. Mi
16. Fronleichnam
17. Fr
18. Sbd
19. 1. S. n. Tr.
20. Mo 25. Woche
21. Di
22. Mi
23. Do
24. Johannistag
25. Sbd
26. 2. S. n. Tr.
27. Mo 26. Woche
28. Di
29. Mi
30. Do

1. Fr
2. Sbd
3. 3. S. n. Tr.
4. Mo 27. Woche
5. Di
6. Mi
7. Do
8. Fr
9. Sbd
10. 4. S. n. Tr.
11. Mo 28. Woche
12. Di
13. Mi
14. Do
15. Fr
16. Sbd
17. 5. S. n. Tr.
18. Mo 29. Woche
19. Di
20. Mi
21. Do
22. Fr
23. Sbd
24. 6. S. n. Tr.
25. Mo 30. Woche
26. Di
27. Mi
28. Do
29. Fr
30. Sbd
31. 7. S. n. Tr.

1. Mo 31. Woche
2. Di
3. Mi
4. Do
5. Fr
6. Sbd
7. 8. S. n. Tr.
8. Mo 32. Woche
9. Di
10. Mi
11. Do
12. Fr
13. Sbd
14. 9. S. n. Tr.
15. Mo 33. Woche
16. Di
17. Mi
18. Do
19. Fr
20. Sbd
21. 10. S. n. Tr.
22. Mo 34. Woche
23. Di
24. Mi
25. Do
26. Fr
27. Sbd
28. 11. S. n. Tr.
29. Mo 35. Woche
30. Di
31. Mi

1. Do
2. Fr
3. Sbd

4. 12. S. n. Tr.

5. Mo 36. Woche
6. Di
7. Mi
8. Do
9. Fr
10. Sbd

11. 13. S. n. Tr.

12. Mo 37. Woche
13. Di
14. Mi
15. Do
16. Fr
17. Sbd

18. 14. S. n. Tr.

19. Mo 38. Woche
20. Di
21. Mi
22. Do
23. Fr
24. Sbd

25. 15. S. n. Tr.

26. Mo 39. Woche
27. Di
28. Mi
29. Michaelistag
30. Fr

1. Sbd

2. Erntedank (16. S. n. Tr.)

3. Tag der Deutschen Einheit 40. Woche

4. Di

5. Mi

6. Do

7. Fr

8. Sbd

9. 17. S. n. Tr.

10. Mo 41. Woche

11. Di

12. Mi

13. Do

14. Fr

15. Sbd

16. 18. S. n. Tr.

17. Mo 42. Woche

18. Di

19. Mi

20. Do

21. Fr

22. Sbd

23. 19. S. n. Tr.

24. Mo 43. Woche

25. Di

26. Mi

27. Do

28. Fr

29. Sbd

30. 20. S. n. Tr.

31. Gedenktag der Reformation 44. Woche

1. Allerheiligen

2. Mi

3. Do

4. Fr

5. Sbd

6. Drittletzter S.

7. Mo 45. Woche

8. Di

9. Mi

10. Do

11. Fr

12. Sbd

13. Vorletzter S. (Volkstrauertag)

14. Mo 46. Woche

15. Di

16. Buß- und Bettag

17. Do

18. Fr

19. Sbd

20. Letzter S. (Ewigkeitssonntag/Totensonntag)

21. Mo 47. Woche

22. Di

23. Mi

24. Do

25. Fr

26. Sbd

27. 1. Advent

28. Mo 48. Woche

29. Di

30. Mi

1. Do
2. Fr
3. Sbd
4. 2. Advent
5. Mo 49. Woche
6. Di
7. Mi
8. Do
9. Fr
10. Sbd
11. 3. Advent
12. Mo 50. Woche
13. Di
14. Mi
15. Do
16. Fr
17. Sbd
18. 4. Advent
19. Mo 51. Woche
20. Di
21. Mi
22. Do
23. Fr
24. Heiliger Abend (Sbd)
25. 1. Weihnachtstag (So)
26. 2. Weihnachtstag (Mo) 52. Woche
27. Di
28. Mi
29. Do
30. Fr
31. Altjahrsabend (Sbd)

Immerwährender Kalender von 1801–2035

Jahreszahlen									Januar	Februar	März	April	Mai	Juni	Juli	August	September	Oktober	November	Dezember
1801	1829	1857	1885		1925	1953	1981	09	4	0	0	3	5	1	3	6	2	4	0	2
02	30	58	86		26	54	82	10	5	1	1	4	6	2	4	0	3	5	1	3
03	31	59	87		27	55	83	11	6	2	2	5	0	3	5	1	4	6	2	4
04	32	60	88		28	56	84	12	0	3	4	0	2	5	0	3	6	1	4	6
05	33	61	89	1901	29	57	85	13	2	5	5	1	3	6	1	4	0	2	5	0
06	34	62	90	02	30	58	86	14	3	6	6	2	4	0	2	5	1	3	6	1
07	35	63	91	03	31	59	87	15	4	0	0	3	5	1	3	6	2	4	0	2
08	36	64	92	04	32	60	88	16	5	1	2	5	0	3	5	1	4	6	2	4
09	37	65	93	05	33	61	89	17	0	3	3	6	1	4	6	2	5	0	3	5
10	38	66	94	06	34	62	90	18	1	4	4	0	2	5	0	3	6	1	4	6
11	39	67	95	07	35	63	91	19	2	5	5	1	3	6	1	4	0	2	5	0
12	40	68	96	08	36	64	92	20	3	6	0	3	5	1	3	6	2	4	0	2
13	41	69	97	09	37	65	93	21	5	1	1	4	6	2	4	0	3	5	1	3
14	42	70	98	10	38	66	94	22	6	2	2	5	0	3	5	1	4	6	2	4
15	43	71	99	11	39	67	95	23	0	3	3	6	1	4	6	2	5	0	3	5
16	44	72		12	40	68	96	24	1	4	5	1	3	6	1	4	0	2	5	0
17	45	73		13	41	69	97	25	3	6	6	2	4	0	2	5	1	3	6	1
18	46	74		14	42	70	98	26	4	0	0	3	5	1	3	6	2	4	0	2
19	47	75		15	43	71	99	27	5	1	1	4	6	2	4	0	3	5	1	3
20	48	76		16	44	72	2000	28	6	2	3	6	1	4	6	2	5	0	3	5
21	49	77	1900	17	45	73	01	29	1	4	4	0	2	5	0	3	6	1	4	6
22	50	78		18	46	74	02	30	2	5	5	1	3	6	1	4	0	2	5	0
23	51	79		19	47	75	03	31	3	6	6	2	4	0	2	5	1	3	6	1
24	52	80		20	48	76	04	32	4	0	1	4	6	2	4	0	3	5	1	3
25	53	81		21	49	77	05	33	6	2	2	5	0	3	5	1	4	6	2	4
26	54	82		22	50	78	06	34	0	3	3	6	1	4	6	2	5	0	3	5
27	55	83		23	51	79	07	35	1	4	4	0	2	5	0	3	6	1	4	6
28	56	84		24	52	80	08	36	2	5	6	2	4	0	2	5	1	3	6	1

Wochentage						
1	8	15	22	29	36	Sonntag
2	9	16	23	30	37	Montag
3	10	17	24	31		Dienstag
4	11	18	25	32		Mittwoch
5	12	19	26	33		Donnerstag
6	13	20	27	34		Freitag
7	14	21	28	35		Sonnabend

Erklärung:

Frage: Auf welchen Wochentag fällt der 24. Juni (Johannistag) 2021?

Antwort: Auf einen Mittwoch.

Lösung: Ich gehe von der in Tafel „Jahreszahlen“ aufgesuchten Zahl „2021“ nach rechts bis zu der unter Juni stehenden Ziffer (2). Zähle zu dieser Zahl die Zahl des Monatstages (24), so habe ich 26. In Tafel „Wochentage“ steht neben 26: „Donnerstag“.

Oster-Tabelle (neuer Stil)

M heißt März, alle anderen Daten sind Tage im April. *bezeichnet Schaltjahr

Jahr	0	1	2	3	4	5	6	7	8	9
1630	31 M	20	*11	27 M	16	8	*23 M	12	4	24
1640	* 8	31 M	20	5	*27 M	16	1	21	*12	4
1650	17	9	*31 M	13	5	28 M	*16	1	21	13 M
1660	*28 M	17	9	25 M	*13	5	25	10	* 1	21
1670	6	29 M	*17	2	25 M	14	* 5	18	10	2
1680	*21	6	29 M	18	* 2	22	14	30 M	*18	10
1690	26 M	15	* 6	22 M	11	3	*22	7	30 M	19
1700	11	27 M	16	8	*23 M	12	4	24	* 8	31 M
1710	20	5	*27 M	16	1	21	*12	28 M	17	9
1720	*31 M	13	5	28 M	*16	1	21	13	*28 M	17
1730	9	25 M	*13	5	25	10	* 1	21	6	29 M
1740	*17	2	25 M	14	* 5	18	10	2	*14	6
1750	29 M	11	* 2	22	14	30 M	*18	10	26 M	15
1760	* 6	22 M	11	3	*22	7	30 M	19	* 3	26 M
1770	15	31 M	*19	11	3	16	* 7	30 M	19	4
1780	*26 M	15	31 M	20	*11	27 M	16	8	*23 M	12
1790	4	24	* 8	31 M	20	5	*27 M	16	8	24 M
1800	13	5	18	10	* 1	14	6	29 M	*17	2
1810	22	14	*29 M	18	10	26 M	*14	6	22 M	11
1820	* 2	22	7	30 M	*18	3	26 M	15	* 6	19
1830	11	3	*22	7	30 M	19	* 3	26 M	15	31 M
1840	*19	11	27 M	16	* 7	23 M	12	4	*23	8
1850	31 M	20	*11	27 M	16	8	*23 M	12	4	24
1860	* 8	31 M	20	5	*27 M	16	1	21	*12	28 M
1870	17	9	*31 M	13	5	28 M	*16	1	21	13
1880	*28 M	17	9	25 M	*13	5	25	10	* 1	21
1890	6	29 M	*17	2	25 M	14	* 5	18	10	2
1900	15	7	30 M	12	* 3	23	15	31 M	*19	11
1910	27 M	16	* 7	23 M	12	4	*23	8	31 M	20
1920	* 4	27 M	16	1	*20	12	4	17	* 8	31 M
1930	20	5	*27 M	16	1	21	*12	28 M	17	9
1940	*24 M	13	5	25	* 9	1	21	6	*28 M	17
1950	9	25 M	*13	5	18	10	* 1	21	6	29 M
1960	*17	2	22	14	*29 M	18	10	26 M	*14	6
1970	29 M	11	* 2	22	14	30 M	*18	10	26 M	15
1980	* 6	19	11	3	*22	7	30 M	19	* 3	26 M
1990	15	31 M	*19	11	3	16	* 7	30 M	12	4
2000	*23	15	31 M	20	*11	27 M	16	8	*23 M	12
2010	4	24	* 8	31 M	20	5	*27 M	16	1	21
2020	*12	4	17	9	*31 M	20	5	28 M	*16	1
2030	21	13	*28 M	17	9	25 M	*13	5	25	10
2040	* 1	21	6	29 M	*17	9	25 M	14	* 5	18
2050	10	2	*21	6	29 M	18	* 2	22	14	30 M
2060	*18	10	26 M	15	* 6	29 M	11	3	*22	14
2070	30 M	19	*10	26 M	15	7	*19	11	3	23
2080	* 7	30 M	19	4	*26 M	15	31 M	20	*11	3
2090	16	8	*30 M	12	4	24	*15	31 M	20	12
2100	28 M	17	9	25 M	*13	5	18	10	* 1	21

Adressen der christlichen Kirchen, Verbände, Dienste sowie jüdischen und islamischen Gemeinden und Verbände

Die Aufnahme in das Verzeichnis ist mit keiner Empfehlung verbunden. – Ergänzungen und Verbesserungen sind erwünscht. – Nachdruck verboten. – Abkürzungen: Abt./Abteilung. Bk./Bischofskanzlei. Dir./Direktor(in). Gf./Geschäftsführer(in). Gst./Geschäftsstelle. Inst./ Institut. KL/Kirchenleitung. KR/Kirchenrat, Kirchenrätin. L/Leiter(in), Leitung. LKA/Landeskirchenamt. LKR/Landeskirchenrat, Landeskirchenrätin. OKR/Oberkirchenrat. OKRin/Oberkirchenrätin. OLKR/Oberlandeskirchenrat, Oberlandeskirchenrätin. P., Pfr./Pastor, Pfarrer. Pn./Pastorin, Pfarrerin. Präs./Präses, Präsident(in), Präsidium. Ref./Referent(in), Referat. Sekr./Sekretär(in), Sekretariat. Stellv./Stellvertreter(in). Sup./Superintendent(in). Tel./Telefon. Vors., Vorst./Vorsitzende, Vorsteher(in), Vorstand.

A) Evangelische Kirchen in Deutschland

1. Landeskirchliche Zusammenschlüsse

Evangelische Kirche in Deutschland (EKD)

Gst.: Kirchenamt der EKD, Herrenhäuser Str. 12, 30419 Hannover, Tel.: 0511 2796-0, Fax: 0511 2796-707, E-Mail: info@ekd.de, Internet: www.ekd.de, Info-Service bei der EKD, Tel.: 0800 5040602

Präsidium der 12. Synode der EKD *(Stand April 2020)*

Präses: Bundesministerin a. D. Dr. Irmgard **Schwaetzer** (Evangelische Kirche Berlin-Brandenburg-schlesische Oberlausitz), zugleich Mitglied des Rates der EKD; *Vizepräsides:* Dipl. Pädagogin, Seminarleiterin i. R. Elke **König** (Evangelisch-Lutherische Kirche in Norddeutschland), Superintendent Dr. Andreas **Lange** (Lippische Landeskirche); *Beisitzer/innen:* Rechtsanwältin Sabine **Blütchen** (Evangelisch-Lutherische Landeskirche Oldenburg), Superintendent Andreas **Piontek** (Evangelische Kirche in Mitteldeutschland), Rechtsreferendar Jonas **Straßer** (Evangelisch-Lutherische Landeskirche Bayern), Rechtsanwältin Dr. Viva-Katharina **Volkmann** (Evangelisch-Lutherische Landeskirche Hannovers)

Gst. Synode: Kirchenamt der Evangelischen Kirche in Deutschland (EKD), Herrenhäuser Str. 12, 30419 Hannover,
Leitung der Geschäftsstelle: Sandra **Steinhaus**, Tel. 0511 2796-114, Fax: 0511 2796-99114, E-Mail: synode@ekd.de

Rat der EKD (2015–2021)

Vorsitzender: Prof. Dr. Heinrich **Bedford-Strohm**;
Stellvertr. Ratsvorsitzende: Annette **Kurschus**;
Mitglieder: Prof. Dr. Dr. Andreas **Barner**, Dr. Michael **Diener**, Dr. Dr. h. c. Markus **Dröge**, Kirsten **Fehrs**, Prof. Dr. Elisabeth **Gräb-Schmidt**, Kerstin **Griese**, Prof. Dr. Jacob **Joussen**, Dr. Dr. h.c. Volker **Jung**, Dieter **Kaufmann**, Thomas **Rachel**, Dr. Irmgard **Schwaetzer**, Dr. Stephanie **Springer**, Marlehn **Thieme**.

Kirchenkonferenz der EKD

Vorsitzender: Prof. Dr. Heinrich Bedford-Strohm (Vorsitzender des Rates der EKD)
Gst.: Kirchenamt der Evangelischen Kirche in Deutschland (EKD), Herrenhäuser Str. 12, 30419 Hannover, Tel.: 0511 2796-0, Fax: 0511 2796-755, E-Mail: info@ekd.de

Der Bevollmächtigte des Rates der EKD bei der Bundesrepublik Deutschland und der Europäischen Union

Büro Berlin: Leitung: Prälat Dr. Martin **Dutzmann**, Charlottenstr. 53–54, 10117 Berlin, Tel.: 030 20355-0, Fax: 030 20355-100, E-Mail: ekd@ekd-berlin.de, Internet: www.ekd-berlin.de
Büro Brüssel: Leitung: OKRin Katrin **Hatzinger**, Haus der EKD, Rue Joseph II 166, B-1000 Bruxelles, Tel. +32 (0)2-2301639, Fax +32 (0)2-2800108, E-Mail: ekd.bruessel@ekd.eu, Internet: www.ekd.eu

Kirchenamt der EKD, Herrenhäuser Str. 12, 30419 Hannover, Tel.: 0511 2796-0, Fax: 0511 2796-707, E-Mail: info@ekd.de, Internet: www.ekd.de
Info-Service bei der EKD, Tel.: 0800 5040602

- **Hauptabteilung I:**
  Abteilung Leitung des Kirchenamtes: Präsident Dr. Hans Ulrich **Anke** (Leitung, Referat Organe und kirchenpolitische Grundsatzfragen), Petra **Husmann-Müller** (Referat Personal), Silke **Behrens** (Referat Organisation und Zusammenarbeit, interne Dienstleistungen), Dr. Kristin **Bergmann** (Referat Chancengerechtigkeit), Christian **Sterzik** (Stabsstelle Digitalisierung), Matthias **Schock** (Compliance-Management)

  Stabsstelle Kommunikation:
  Leitung: N. N.
  Pressestelle: OKR Carsten **Splitt** (Leitung, Pressesprecher), Annika **Lukas** (Pressesprecherin), presse@ekd.de; Grischa Roosen-Runge *(Online-Kommunikation)*

  Abteilung Recht: OKR Dr. Christoph **Thiele** (Leitung, Referat Rechtliche und organisatorische Grundsatzfragen, Staatskirchenrecht, kirchliches Verfassungsrecht), Henrike **Schwerdtfeger** (Referat Referat Justiziariat, kirchliche Gerichtsbarkeit, Organisationsrecht, Urheberrecht); **N.N.** (Referat Grund- und Menschenrechte, Europarecht), OKR Stephan **Liebchen** (Kirchliches Personenrecht, Datenschutz, Liegenschaftsrecht), OKRin Sigrid **Unkel** (Referat Dienstrecht); OKR Detlev **Fey** (Referat Arbeitsrecht, kirchliche Werke und Einrichtungen, Organisationsberatung), OKRin Elfriede **Abram** (Referat Recht der Auslandsarbeit, kirchliches Verwaltungsrecht, Fachinformationssysteme)

  Abteilung Finanzen: OKR Carsten **Simmer** (Leitung, Finanzen), Armin **Moog** (Referat Haushalt), OKRin Andrea **Niemeyer** (Referat Betriebswirtschaft, IT und Statistik), Dr. Matthias **Schock** (Referat Steuern), Kirchenoberamtsrat Jürgen **Scharwei** (Kasse der EKD)

- **Hauptabteilung II:**
  Abteilung Kirchliche Handlungsfelder: Vizepräsident Dr. Thies **Gundlach** (Leitung, Referat Theologische Grundsatzfragen, Reformprozess), OKR Johannes **Dieckow** (Referat Catholica Arbeit VELKD), OKR Dr. Martin **Evang** (Referat Theologie und Gottesdienst UEK), OKR Dr. Johannes **Goldenstein** (Referat Gottesdienst und Liturgie VELKD), OKR Susanne **Hasselhoff** (Projekt Neues Gesangbuch), OKR Dr. Martin **Hauger** (stellv. Leitung, Referat Glaube und

Dialog), OKR Andreas **Jensen** (Referat Seelsorgc Gemeindeformen, Gottesdienst), OKR Claudia **Kusch** (Referat Perspektiven missionarischen Handelns), OKR Dr. Mareile **Lasogga** (Aufgaben im Bereich „Ökumenische Fragen in der EKD"), OKR Dr. Andreas **Ohlemacher** (Referat Theologie VELKD); OKR Dr. Georg **Raatz** (Referat Seelsorge VELKD), Birgit **Reichel** (Sachgebiet Kirche und Sport), OKR Dr. Johannes **Wischmeyer-Janzarik** (Referat Studien- und Reformfragen der Kirche)

Abteilung Bildung: OKRin Dr. Birgit **Sendler-Koschel** (Leitung, Bildung in Kirche und Gesellschaft – Grundsatzfragen, Bildung in nationalen und internationalen Kontexten, kirchliche Bildungsarbeit), OKR Matthias **Otte** (Referat Kirche und öffentliche Schule, Jugendbildung), OKRin Dr. Christiane **de Vos** (Referat Hochschulwesen und theologisch- kirchliche Ausbildung)

- **Hauptabteilung III:**
  Öffentliche Verantwortung
  Leitung: Vizepräsident Dr. Horst **Gorski** (Referat Grundsatzfragen der öffentlichen Verantwortung), OKRin Sabine **Dreßler** (Referat Migration und Integration), KRin Dr. Anne-Kathrin **Pappert** (Referat Bio-, Medizin- und Umweltethik), OKR Dr. Ralph **Charbonnier** (Referat Sozial-und gesellschaftspolitische Fragen), OKRin Dr. Dorothee **Godel** (Referat Fragen öffentlicher Verantwortung in der Kirche), OKRin Dr. Ruth **Gütter** (Referat Nachhaltigkeit) zugleich: Leitung des Amtsbereichs der VELKD im Kirchenamt der EKD
- **Hauptabteilung IV:**

  Ökumene und Auslandsarbeit

  Abteilung Ökumene: Bischöfin Petra **Bosse-Huber** (Vizepräsidentin, Leitung, Referat Ökumenische Beziehungen), OKR Frank **Kopania** (Europa, KEK, GEKE), OKR Marc **Reusch** (Entwicklungspolitik), OKR Martin **Pühn** (Kirchliche Weltbünde), OKRin Sabine **Dreßler** (Menschenrechte, Gemeinden anderer Sprache und Herkunft), KR Dr. Wolfram **Langpape** (Orthodoxie, allg. Ökumene, Stipendien), OKR Dr. Detlef **Görrig** (Interreligiöser Dialog)

  Abteilung Auslandsarbeit: OKR Frank **Kopania** (Leitung, Referat Grundsatzfragen Auslandsarbeit), **N.N.** (Referat Mittel-, Ost-und Südeuropa), OKR Frank-Dieter **Fischbach** (Referat Nord-und Westeuropa), OKR Dr. Olaf **Waßmuth** (Referat Südeuropa, Tourismus- und Urlaubsseelsorge, Auslandstourismus), OKR Martin **Pühn** (Referat Naher und Mittlerer Osten, Stiftungen im Heiligen Land), OKR Marc **Reusch** (Referat Afrika), OKRin Claudia **Ostarek** (Referat Ferner Osten, Australien, Pazifik, Nordamerika), OKR Marcus **Garras** (Referat Mittel- und Südamerika)

Gliedkirchen: Ev. Landeskirche Anhalts, Ev. Landeskirche in Baden, Ev.-Lutherische Kirche in Bayern, Ev. Kirche Berlin-Brandenburg-schlesische Oberlausitz, Evangelisch-lutherische Landeskirche in Braunschweig, Bremische Evangelische Kirche, Evangelisch-lutherische Landeskirche Hannovers, Ev. Kirche in Hessen und Nassau, Ev. Kirche von Kurhessen-Waldeck, Lippische Landeskirche, Evangelische Kirche in Mitteldeutschland, Evangelisch-Lutherische Kirche in Norddeutschland (Nordkirche), Ev.-Lutherische Kirche in Oldenburg, Ev. Kirche der Pfalz, Ev.-reformierte Kirche, Ev. Kirche im Rheinland, Ev.-Lutherische Landeskirche Sachsens, Ev.-Lutherische Landeskirche Schaumburg-Lippe, Ev. Kirche von Westfalen, Ev. Landeskirche in Württemberg

Der Evangelischen Kirche in Deutschland angeschlossen:

Bund Evangelisch-reformierter Kirchen in Deutschland, c/o Ev.-ref. Kirche in Hamburg, Ferdinandstr. 21, 20095 Hamburg, Tel.: 040 301004-0, E-Mail: kanzlei@erk-hamburg.de

Ev. Brüder-Unität – Herrnhuter Brüdergemeine
Herrnhut: Sitz der Evang. Brüder-Unität, Vogtshof, Zittauer Str. 20, 02747 Herrnhut, Postfach 21, 02745 Herrnhut, Tel.: 035873 487-0, Fax: 035873 487-99, E-Mail: info@ebu.de, Internet: www.herrnhuter.de
Bad Boll: Unitätshaus, Badwasen 6, 73087 Bad Boll, Tel.: 07164 9421-0, Fax: 07164 9421-99, E-Mai: brueder-unitaet@bb.ebu.de, Internet: www.herrnhuter.de

Vereinigte Evangelisch-Lutherische Kirche Deutschlands (VELKD)

(Angaben für die VELKD, Stand Mai 2020)

Der Leitende Bischof der VELKD:
Landesbischof Ralf **Meister** (Hannover);
Stellv. Leitende Bischöfin: Landesbischöfin Kristina **Kühnbaum-Schmidt** (Schwerin)
Kontakt: **Leitung des Amtsbereichs der VELKD im Kirchenamt der EKD**, Vizepräsident Dr. Horst **Gorski**, Herrenhäuser Str. 12, 30419 Hannover, Tel.: 0511 2796-130/-131, E-Mail: gorski@velkd.de

Die Generalsynode:
Präsident Prof. Dr. Dr. h. c. Wilfried **Hartmann** (Hamburg), *Vizepräsidentin:* Pfrin. Jacqueline **Baraud-Volk** (Marktbreit); *Vizepräsident* Sup. Philipp Meyer (Hameln); *Beisitzerin* Colleen Michler (Oettern), *Beisitzerin* Annette Welge (Stadthagen)
Kontakt: **Geschäftsstelle der Generalsynode**, Amtsbereich der VELKD im Kirchenamt der EKD, Gundolf Holfert, Herrenhäuser Str. 12, 30419 Hannover; Tel.: 0511 2796-526/-532; E-Mail: holfert@velkd.de

Bischofskonferenz der VELKD:
16 Mitglieder (Bischöfe und Bischöfinnen aus den sieben Gliedkirchen sowie sechs weitere ordinierte Inhaberinnen und Inhaber eines kirchenleitenden Amtes – zwei aus Bayern, zwei aus Hannover und je einer aus Sachsen und Mitteldeutschland). Den Vorsitz hat der Leitende Bischof der VELKD, Landesbischof Ralf Meister (Hannover).

Landesbischof Ralf **Meister** (*Vorsitz*) (Hannover), Landesbischöfin Kristina **Kühnbaum-Schmidt** (Schwerin); Landesbischof Prof. Dr. Heinrich **Bedford-Strohm** (München); Regionalbischof Dr. Hans Christian **Brandy** (Stade); Oberlandeskirchenrat Dr. Thilo **Daniel** (Dresden); Bischöfin Kirsten **Fehrs** (Hamburg); Regionalbischöfin Dr. Dorothea **Greiner** (Bayern); Bischof Tilman **Jeremias** (Greifswald); Landesbischof Friedrich **Kramer** (Magdeburg); Bischof Gothart **Magaard** (Schleswig); Landesbischof Dr. Karl-Hinrich **Manzke** (Bückeburg); Landesbischof Tobias **Bilz** (Dresden); Landesbischof Dr. Christoph **Meyns** (Wolfenbüttel); Regionalbischof Prof. Dr. Stefan Ark **Nitsche** (Nürnberg); Regionalbischof Dr. Christian **Stawenow** (Eisenach), Vizepräsident Arend **de Vries** (Hannover)
Ständige Gäste der Bischofskonferenz (ohne Stimmrecht): Bischof Thomas **Adomeit** (Oldenburg); Superintendent Christian **Bereuther** (Karlsruhe); Bischof Mag. Michael **Chalupka** (Wien); Landesbischof Dr. h.c. Frank Otfried **July** (Stuttgart);

Superintendent Dr. Andreas **Lange** (Lemgo); Pastor Holger **Westphal** (Ritterhude-Werschenrege)
Kontakt: **Leitung des Amtsbereichs der VELKD im Kirchenamt der EKD**, Vizepräsident Dr. Horst **Gorski**, Herrenhäuser Str. 12, 30419 Hannover, Tel.: 0511 2796-130/-131; E-Mail: gorski@velkd.de

Kirchenleitung der VELKD:
Landesbischof Ralf **Meister** (*Vorsitzender*) (Hannover); Landesbischöfin Kristina **Kühnbaum-Schmidt** (*Stellv. Vorsitzende*), (Magdeburg); Vizepräsident Arend **de Vries** (*für die Bischofskonferenz*); Prof. Dr. Dr. h.c. Wilfried **Hartmann** (*Präsident der Generalsynode*)
Theologische Mitglieder: Regionalbischof Dr. Detlef **Klahr** (Emden); Pfarrer Wolfgang **Oertel** (Untersteinach); Pfarrer Harald **Welge** (Braunschweig);
Nichttheologische Mitglieder: Oberkirchenrätin Susanne **Böhland** (Kiel); Merle **Fromberg** (Eutin); Oberkirchenrat Prof. Dr. jur. Hans-Peter **Hübner** (München); Dipl.-Päd. Jürgen **Schneider** (Hermannsburg); Diakon i. R. Henning **Schulze-Drude** (Breselenz); Oberlandeskirchenrat Klaus **Schurig** (Dresden)
Kontakt: **Leitung des Amtsbereichs der VELKD im Kirchenamt der EKD**, Vizepräsident Dr. Horst **Gorski**, Herrenhäuser Str. 12, 30419 Hannover; Tel.: 0511 2796-130/-131; E-Mail: gorski@velkd.de

Amtsbereich der VELKD im Kirchenamt der EKD:
Herrenhäuser Str. 12, 30419 Hannover, Postfach 21 02 20, 30402 Hannover, Tel.: 0511 2796-0, Fax: 0511 2796-182, E-Mail: zentrale@velkd.de, Internet: www.velkd.de
Leitung: Vizepräsident Dr. Horst **Gorski** (*Ref.: Grundsatzfragen*), Tel.: 0511 2796-130, E-Mail: gorski@velkd.de; **Stellv. Leitung:** OKRin Elke **Sievers** (*Ref.: Rechtsangelegenheiten, Ref.: Haushalt und Finanzen*), Tel.: 0511 2796-435, E-Mail: sievers@velkd.de; OKR Johannes **Dieckow** (*Ref.: Ökumenische Grundsatzfragen, Catholica*), Tel.: 0511 2796-8391, E-Mail: dieckow@velkd.de; OKR Dr. Johannes **Goldenstein** (*Ref.: Gottesdienst, Religiöse Gemeinschaften, Kirche und Judentum, Liturgiewissenschaftl. Institut Leipzig*), Tel.: 0511 2796-8010, E-Mail: goldenstein@velkd.de; OKR Dr. Andreas **Ohlemacher** (*Ref.: Theol. Grundsatzfragen, Theol. Studienseminar Pullach*), Tel.: 0511 2796-8360, E-Mail: ohlemacher@velkd.de; OKR Dr. Georg **Raatz** (*Ref.: Gemeindepädagogik, Katechismen und Seelsorge, Gemeindekolleg Neudietendorf, Generalsynode*), Tel.: 0511 2796-439, E-Mail: raatz@velkd.de

Pressestelle: *Ref. Presse- und Öffentlichkeitsarbeit*
Leitung und Pressesprecherin: OKRin Henrike **Müller**, Tel.: 0511 2796-535, E-Mail: mueller@velkd.de; *Stellv. Pressesprecher:* Gundolf **Holfert**, Tel.: 0511 2796-526, E-Mail: holfert@velkd.de; *Assistenz:* Dörte **Rautmann**, Tel.: 0511 2796-532, E-Mail: rautmann@velkd.de; *Assistenz:* Marion **Knoop-Wente**, Tel.: 0511 2796-527, E-Mail: knoop.wente@velkd.de
E-Mail: pressestelle@velkd.de; Homepage: www.velkd.de

Catholica-Beauftragter der VELKD: Landesbischof Dr. Karl-Hinrich **Manzke**

Verfassungs- und Verwaltungsgericht: Verwaltungsgericht Chemnitz, Zwickauer Str. 56, 09112 Chemnitz; Gst.: Kirchenamtsrat Matthias Berg, Postfach 21 02 20, 30402 Hannover, Tel.: 0511 2796-432, Fax: 0511 2796-591

Gemeindekolleg der VELKD, Zinzendorfplatz 3, 99192 Neudietendorf, Tel.: 036202 7720100, Fax: 036202 7720106, E-Mail: info@gemeindekolleg.de, Internet: www.gemeindekolleg.de; *Leiter:* Prof. Dr. Reiner **Knieling**, *Stellv. Leiterin:* Isabel **Hartmann**

Theologisches Studienseminar der VELKD: Bischof-Meiser-Str. 6, 82049 Pullach, Tel.: 089 7448529-0, Fax: 089 74485296, E-Mail: info@theologischesstudienseminar.de, Internet: www.theologisches-studienseminar.de; *Rektor:* PD Dr. Detlef **Dieckmann**, Tel.: 089 74485291, E-Mail: dieckmann@theologisches-studienseminar.de; *Studienleiterin:* Dr. Christina **Costanza**, Tel.: 089 744852993, E-Mail: costanza@theologischesstudienseminar.de

Liturgiewissenschaftliches Institut der VELKD: Martin-Luther-Ring 3–5, 04109 Leipzig, Tel.: 0341 9735480, Fax: 0341 9735489; E-Mail: liturgie@uni-leipzig.de, Internet: www.velkd.de/leipzig; *Leitung:* Prof. Dr. Alexander **Deeg**

Spruchkollegium der VELKD: Landesbischof Dr. Karl-Hinrich **Manzke** (*Vorsitzender*)

Gliedkirchen: Ev.-Luth. Kirche in Bayern, Ev.-luth. Landeskirche in Braunschweig, Ev.-luth. Landeskirche Hannovers, Ev. Kirche in Mitteldeutschland, Ev.-Luth. Kirche in Norddeutschland, Ev.-Luth. Landeskirche Sachsens, Ev.-Luth. Landeskirche Schaumburg-Lippe

Union Evangelischer Kirchen in der EKD (UEK)

Amtsbereich der UEK: Union Evangelischer Kirchen in der EKD (UEK), Amtsbereich der UEK, Herrenhäuser Str. 12, 30419 Hannover, Tel.: 0511 2796-529, Fax: 0511 2796-99529, E-Mail: UEK@ekd.de, Internet: www.uek-online.de *Leitung:* Bischöfin Petra **Bosse-Huber**. *Theologischer Referent:* OKR Dr. Martin **Evang**, Tel.: 0511 2796-530, E-Mail: Martin.Evang@ekd.de. *Theologischer Referent:* OKR Dr. Albrecht **Philipps,** Tel.: 0511 2796-8377, E-Mail: Albrecht.Philipps@ekd.de. *Juristische Referentin:* **Dr. Sophia Dittmar**

Vollkonferenz: *Vors.:* Dr. h. c. Christian **Schad**, Kirchenpräsident der Ev. Kirche der Pfalz; *1. Stellv. Vors.:* Dr. Dr. h. c. Volker **Jung**, Kirchenpräsident der Ev. Kirche in Hessen und Nassau; *2. Stellv. Vors.:* Brigitte **Andrae**, Präsidentin des Landeskirchenamtes der Ev. Kirche in Mitteldeutschland

Präsidium: *Vors.:* Kirchenpräsident Dr. h. c. Christian **Schad**, Ev. Kirche der Pfalz; *1. Stellv. Vors.:* Kirchenpräsident Dr. Dr. h. c. Volker **Jung**, Ev. Kirche in Hessen und Nassau; *2. Stellv. Vors.:* Präsidentin Brigitte **Andrae**, Ev. Kirche in Mitteldeutschland; Kirchenpräsident Joachim **Liebig**, Ev. Landeskirche Anhalts; Bischof Dr. Christian **Stäblein**, Ev. Kirche Berlin-Brandenburg-schlesische Oberlausitz; Leiter der Kirchenkanzlei Dr. Johann **Noltenius**, Bremische Ev. Kirche; Prälat Prof. Dr. Traugott **Schächtele**, Ev. Landeskirche in Baden; Dekan Bengt **Seeberg**, Ev. Kirche von Kurhessen-Waldeck; Landessuperintendent Dietmar **Arends**, Lippische Landeskirche; Kirchenpräsident Dr. Martin **Heimbucher**, Ev.-reformierte Kirche; Vizepräsident Dr. Johann **Weusmann**, Ev. Kirche im Rheinland; Präses Dr. h. c. Annette **Kurschus**, Ev. Kirche von Westfalen; Bischöfin Petra **Bosse-Huber**, Leiterin des Amtsbereichs der UEK (Hannover). –
Kirchen mit Gaststatus: Präsident Prof. Dr. Peter **Unruh**, Ev.-Luth. Kirche in Norddeutschland; Oberkirchenrätin Dr. Susanne **Teichmanis**, Ev.-Luth. Kirche in Oldenburg; Oberkirchenrat Prof. Dr. Ulrich **Heckel**, Ev. Landeskirche in Württemberg; Moderatorin Pfarrerin Kathrin **Oxen**, Reformierter Bund

Mitgliedskirchen der UEK: Evangelische Landeskirche Anhalts, Evangelische Landeskirche in Baden, Evangelische Kirche Berlin-Brandenburg-schlesische Oberlausitz, Bremische Evangelische Kirche, Evangelische Kirche in Hessen und Nassau, Evangelische Kirche von Kurhessen-Waldeck, Lippische Landeskirche, Evangelische Kirche in Mitteldeutschland, Evangelische Kirche der Pfalz, Evangelisch-reformierte Kirche, Evangelische Kirche im Rheinland, Evangelische Kirche von Westfalen.

Kirchen mit Gaststatus: Ev.-Luth. Kirche in Norddeutschland, Ev.-Luth. Kirche in Oldenburg, Evangelische Landeskirche in Württemberg, Reformierter Bund

Die Landeskirchen

(EKD = Evangelische Kirche in Deutschland; VELKD = Vereinigte Evangelisch-Lutherische Kirche Deutschlands; UEK = Union Evangelischer Kirchen; Konf.ev.Ki.Nds = Konföderation evangelischer kirchen in Niedersachsen; Reformierter Bund; LWB = Lutherischer Weltbund; WGRK = Weltgemeinschaft Reformierter Kirchen

Evangelische Landeskirche Anhalts, Kirchenpräsident Joachim **Liebig**, Landeskirchenamt, Friedrichstr. 22/24, 06844 Dessau-Roßlau, Tel.: 0340 2526-0, Fax: 0340 2526-130, E-Mail: presse@kircheanhalt.de, Internet: www.landeskirche-anhalts.de (Bekenntnis: uniert; Mitglied in: EKD, UEK, GEKE)

Evangelische Landeskirche in Baden, Landesbischof Prof. Dr. Jochen **Cornelius-Bundschuh**, Blumenstr. 1–7, 76133 Karlsruhe, Tel.: 0721 9175-0, Fax: 0721 9175-550, E-Mail: info@ekiba.de, Internet: www.ekiba.de (Bekenntnis: uniert; Mitglied in: EKD, UEK, GEKE)

Evangelisch-Lutherische Kirche in Bayern, Landesbischof Prof. Dr. Heinrich **Bedford-Strohm**, Landeskirchenamt, Katharina-von-Bora-Str. 7–13, 80333 München, Tel.: 089 5595-0, Fax: 089 5595-666, E-Mail: pressestelle@elkb.de, Internet: www.bayern-evangelisch.de (Bekenntnis: lutherisch; Mitglied in: EKD, VELKD, LWB, GEKE)

Evangelische Kirche Berlin-Brandenburg-schlesische Oberlausitz, Evangelisches Zentrum, Bischof Dr. Christian **Stäblein**, Georgenkirchstr. 69/70, 10249 Berlin, Tel.: 030 24344-0, Fax: 030 24344-500, E-Mail: info@ekbo.de, Internet: www.ekbo.de (Bekenntnis: uniert; Mitglied in: EKD, UEK, GEKE)

Evangelisch-lutherische Landeskirche in Braunschweig, Landesbischof Dr. Christoph **Meyns**, Landeskirchenamt, Dietrich-Bonhoeffer-Str. 1, 38300 Wolfenbüttel, Tel.: 05331 802-0, Fax: 05331 802-707, E-Mail: info@lk-bs.de, Internet: www.landeskirche-braunschweig.de (Bekenntnis: lutherisch; Mitglied in: EKD, VELKD, LWB, GEKE)

Bremische Evangelische Kirche, Kirchenkanzlei, Präsidentin: Edda **Bosse**; Schriftführer: Dr. Pastor Bernd **Kuschnerus**, Haus der Kirche, Franziuseck 2–4, 28199 Bremen, Tel.: 0421 5597-0, Fax: 0421 5597-265, E-Mail: kirchenkanzlei@ kirche-bremen.de, Internet: www.kirche-bremen.de (Bekenntnis: uniert; Mitglied in: EKD, UEK, GEKE)

Evangelisch-lutherische Landeskirche Hannovers, Landesbischof Ralf **Meister**, Landeskirchenamt, Rote Reihe 6, 30169 Hannover, Tel.: 0511 1241-0, Fax: 0511 1241-266, E-Mail: landeskirchenamt@evlka.de, Internet: www.landeskirche-hannovers.de (Bekenntnis: lutherisch; Mitglied in: EKD, VELKD, LWB, GEKE, Konf.ev.Ki.Nds)

Evangelische Kirche in Hessen und Nassau, Kirchenpräsident Dr. Dr. h. c. Volker **Jung**, Kirchenverwaltung, Paulusplatz 1, 64285 Darmstadt, Tel.: 06151 405-0, Fax: 06151 405-220, E-Mail: info@ekhn.de, Internet: www.ekhn.de (Bekenntnis: uniert; Mitglied in: EKD, UEK, GEKE)

Evangelische Kirche von Kurhessen-Waldeck, Bischöfin Dr. Beate **Hofmann**, Landeskirchenamt, Wilhelmshöher Allee 330, 34131 Kassel-Wilhelmshöhe, Tel.: 0561 9378-0, Fax: 0561 9378-400, E-Mail: landeskirchenamt@ekkw.de, Internet: www.ekkw.de (Bekenntnis: uniert; Mitglied in: EKD, UEK, GEKE)

Lippische Landeskirche, Landessuperintendent Dietmar **Arends**, Landeskirchenamt, Leopoldstr. 27, 32756 Detmold, Tel.: 05231 976-60, Fax: 05231 976-8164, E-Mail: lka@lippische-landeskirche.de, Internet: www.lippische-landeskirche.de (Bekenntnis: reformiert; Mitglied in: EKD, UEK, LWB (Lutherische Klasse), GEKE, Reformierter Bund, WGRK)

Evangelische Kirche in Mitteldeutschland, Landesbischof Friedrich **Kramer**, Pressestelle in Magdeburg: Am Dom 2, 39104 Magdeburg, Tel.: 0391 5346-142, Internet: www.ekmd.de (Bekenntnis: uniert, lutherisch, reformiert; Mitglied in: EKD, UEK, VELKD, LWB, GEKE)

Evangelisch-Lutherische Kirche in Norddeutschland (Nordkirche), *Landeskirchenamt*: Dänische Str. 21–35, 24103 Kiel, Tel.: 0431 97975, Internet: www.nordkirche.de; Landesbischöfin Kristina **Kühnbaum-Schmidt**, Münzstr. 8–10, 19055 Schwerin, Tel.: 0385 20223-168 oder 160, E-Mail: landesbischoefin@nordkirche.de (Bekenntnis: lutherisch; Mitglied in: EKD, VELKD, LWB, GEKE, Gaststatus in UEK)

Evangelisch-Lutherische Kirche in Oldenburg, Bischof Thomas **Adomeit**, Philosophenweg 1, 26121 Oldenburg, Tel.: 0441 7701-0, Fax: 0441 7701-2199, E-Mail: info@kirche-oldenburg.de, Internet: www.kirche-oldenburg.de (Bekenntnis: lutherisch; Mitglied in: EKD, LWB, GEKE, Konf.ev.Ki.Nds, Gaststatus in VELKD und UEK)

Evangelische Kirche der Pfalz, Landeskirchenrat, Kirchenpräsident Dr. h. c. Christian **Schad**, Domplatz 5, 67346 Speyer, Tel.: 06232 667-145, Fax: 06232 667-199, E-Mail: Landeskirchenrat@evkirchepfalz.de, Internet: www.evkirchepfalz.de (Bekenntnis: uniert; Mitglied in: EKD, UEK, GEKE)

Evangelisch-reformierte Kirche, Kirchenpräsident Dr. Martin **Heimbucher**, Saarstr. 6, 26789 Leer, Tel.: 0491 9198-0, Fax: 0491 9198-251, info@reformiert.de, Internet: www.reformiert.de (Bekenntnis: reformiert; Mitglied in: EKD, UEK, Reformierter Bund, Konf.ev.Ki.Nds, GEKE, WGRK)

Evangelische Kirche im Rheinland, Präses Manfred **Rekowski**, Landeskirchenamt, Hans-Böckler-Str. 7, 40476 Düsseldorf, Tel.: 0211 4562-0, Fax: 0211 4562-444, E-Mail: lka@ekir.de, Internet: www.ekir.de (Bekenntnis: uniert; Mitglied in: EKD, UEK, GEKE)

Evangelisch-Lutherische Landeskirche Sachsens, Landesbischof Dr. Carsten **Rentzing**, Landeskirchenamt, Lukasstr. 6, 01069 Dresden, Tel.: 0351 4692-0, Fax: 0351 4692-109, E-Mail: kirche@evlks.de, Internet: www.landeskirche-sachsen.de (Bekenntnis: lutherisch; Mitglied in: EKD, VELKD, LWB, GEKE)

Evangelisch-Lutherische Landeskirche Schaumburg-Lippe, Landesbischof Dr. Karl-Hinrich **Manzke**, Landeskirchenamt, Bahnhofstr. 6, 31675 Bückeburg, Tel.: 05722 960-0, Fax: 05722 960-10, E-Mail: lka@lksl.de, Internet: www.landeskirche-schaumburg-lippe.de (Bekenntnis: lutherisch; Mitglied in: EKD, VELKD, LWB, GEKE, Konf.ev.Ki.Nds)

Evangelische Kirche von Westfalen, Landeskirchenamt, Präses Annette **Kurschus**, Altstädter Kirchplatz 5, 33602 Bielefeld, Tel.: 0521 594-0, Fax: 0521 594-129, E-Mail: landeskirchenamt@lka.ekvw.de, Internet: www.ekvw.de (Bekenntnis: uniert; Mitglied in: EKD, UEK, GEKE)

Ev. Landeskirche in Württemberg, Landesbischof Dr. h.c. Frank Otfried **July**, Ev. Oberkirchenrat, Gänsheidestr. 4, 70184 Stuttgart, Tel.: 0711 2149-0, Fax: 0711 2149-236, E-Mail: kontakt@elk-wue.de, Internet: www.elk-wue.de (Bekenntnis: lutherisch; Mitglied in: EKD, LWB, GEKE, Gaststatus in VELKD und UEK)

Werke, Institute und Arbeitsbereiche

Evangelisches Werk für Diakonie und Entwicklung e.V., *Leitung:* Präsident Ulrich **Lilie**

Diakonie Deutschland, Caroline-Michaelis-Str. 1, 10115 Berlin, Tel.: 030 65211-0, Fax: 030 65211-3333, E-Mail: diakonie@diakonie.de, Internet: www.diakonie.de

Brot für die Welt, *Leitung:* Präsidentin Dr. h.c. Cornelia **Füllkrug-Weitzel**, Caroline-Michaelis-Str. 1, 10115 Berlin, Tel.: 030 65211-0, Fax: 030 652 11-3333, E-Mail: kontakt@brot-fuer-die-welt.de, Internet: www.brot-fuer-die-welt.de

Evangelische Arbeitsstelle Fernstudium im Comenius-Institut, *Leitung:* Dr. Gertrud **Wolf**, Schreiberstr. 12, 48149 Münster, Tel.: 0251 9810198, Mobil: 0170 6969000, E-Mail: info@fernstudium-ekd.de, Internet: www.fernstudium-ekd.de

Evangelische Fachstelle für Arbeits- und Gesundheitsschutz (EFAS), Otto-Brenner-Str. 9, 30159 Hannover, Tel.: 0511 2796-640, Fax: 0511 2796-630, E-Mail: info@efas-online.de, Internet: www.efas-online.de

Evangelische Kommunitäten / Geistliche Gemeinschaften im deutschsprachigen Raum,

- Evangelische Kommunitäten im deutschsprachigen Raum („Konferenz evangelischer Kommunitäten" – Kevk): Sr. Mirjam **Zahn**, Wildenberg 23, 95152 Selbitz, Tel.: 09280 6851, Fax: 09280 6868, E-Mail: sr.mirjam.z@christusbruderschaft.de, Internet: www.evangelische-kommunitaeten.de
- Geistliche Gemeinschaften („Treffen Geistlicher Gemeinschaften" – TGG): Pfr. Dr. Frank **Lilie**, Baunsbergstr. 18, 34131 Kassel, Tel.: 0561 20191984, E-Mail: frank.lilie@michaelsbruderschaft.de, Internet: www.evangelische-kommunitaeten.de

Evangelische Partnerhilfe e.V., Ziegelstr. 30, 10117 Berlin, Tel.: 030 28045180, E-Mail: Ev-partnerhilfe@ekd.de, Internet: www.ev-partnerhilfe.de

Evangelische Schulstiftung in der EKD, *Vorstandsvorsitzender:* Wolfgang **von Rechenberg**, Herrenhäuser Straße 12, 30419 Hannover, Tel.: 0511 2796-0, Fax: 0511 2796-707, E-Mail: ess@ekd.de, Internet: www.schulstiftung-ekd.de und www.ekd.de/Themen/Bildung&Wissenschaft/Ev.Schulen/Schulstiftungen.html

Evangelischer Bund / Konfessionskundliches Institut (KI), Ernst-Ludwig-Str. 7, 64625 Bensheim, Postfach 1255, 64602 Bensheim, Tel.: 06251 8433-0, Fax: 06251 8433-28, E-Mail: info@ki-eb.de, Internet: www.konfessionskundliches-institut.com

Evangelisches Missionswerk in Deutschland e.V. (EMW), *Leiter:* Pfarrer Rainer **Kiefer**, Normannenweg 17–21, 20537 Hamburg, Tel.: 040 254560, Fax: 040 2542987, Internet: www.emw-d.de

Evangelisches Zentralarchiv, *Leiter:* Dr. Henning **Pahl**, Bethaniendamm 29, 10997 Berlin, Tel.: 030 22504541, Fax: 030 22504540, E-Mail: henning.pahl@ezab.de, Internet: www.ezab.de

Evangelische Zentralstelle für Weltanschauungsfragen (EZW), Auguststr. 80, 10117 Berlin, Tel.: 030 28395211, Fax: 030 28395212, Internet: www.ezw-berlin.de *Theologische Leitung:* PD Dr. theol. Martin **Fritz**; *Administrative Leitung:* Dr. phil. Jeannine **Kunert**

Forschungsstätte der Evangelischen Studiengemeinschaft e.V. (FEST), – Institut für interdisziplinäre Forschung –, *Leiter:* Prof. Dr. Dr. h.c. Eberhard **Schmidt-Aßmann**, Schmeilweg 5, 69118 Heidelberg, Tel.: 06221 9122-0, Fax: 06221 167257, E-Mail: info@fest-heidelberg.de, Internet: www.fest-heidelberg.de

Gemeinschaftswerk der Evangelischen Publizistik gGmbH (GEP), *Leiter: Gf.:* Direktor Jörg **Bollmann**, Emil-von-Behring-Str. 3, 60439 Frankfurt a.M., Tel.: 069 580980, Fax: 069 58098100, Internet: www.gep.de

Gustav-Adolf-Werk e.V., Diasporawerk der EKD, Pistorisstr. 6, 04229 Leipzig, Tel.: 0341 49062-0, Fax: 0341 4906267, E-Mail: info@gustav-adolf-werk.de, Internet: www.gustav-adolf-werk.de

Institut für Kirchenbau und kirchliche Kunst der Gegenwart, Lahntor 3, 35032 Marburg, Tel.: 06421 2826411, Fax: 06421 2826418, E-Mail: kirchbau@staff.uni-marburg.de, Internet: www.kirchbauinstitut.de

Kirchenrechtliches Institut der EKD, *Leiter:* Prof. Dr. Hans Michael **Heinig**, Goßlerstr. 11, 37073 Göttingen, Tel.: 0551 3910602, Fax: 0551 3910607, E-Mail: zevkr@gwdg.de, Internet: www.kirchenrechtliches-institut.de

Konferenz für Aussiedlerseelsorge in der EKD, Herrenhäuser Straße 12, 30419 Hannover, Tel.: 0511 2796-205, Fax: 0511 2796-722, Internet: www.aussiedlerseelsorge.de

Martin-Luther-Bund, *Generalsekretär:* Pfarrer Michael **Hübner**, Zentralstelle, Fahrstr. 15, 91054 Erlangen, Tel.: 09131 7870-0, E-Mail: info@martin-luther-bund.de, Internet: www.martin-luther-bund.de

Sozialwissenschaftliches Institut der EKD (SI), Arnswaldtstr. 6, 30159 Hannover, Tel.: 0511 554741-0, Fax: 0511 554741-44, E-Mail: info@si-ekd.de, Internet: www.si-ekd.de

Studienzentrum der EKD für Genderfragen in Kirche und Theologie, Arnswaldtstr. 6, 30159 Hannover, Tel.: 0511 554741-34, Fax: 0511 554741-40, E-Mail: info@sfg.ekd.de, Internet: www.gender-ekd.de

Zusammenschlüsse

innerhalb der evangelischen Kirchen

Deutscher Evangelischer Kirchentag: *Postanschrift:* Zentrales Büro, Postfach 15 55, 36005 Fulda, *Haus- und Paketanschrift:* Magdeburger Str. 59, 36037 Fulda, Tel.: 0661 96950-0, Fax: 0661 96950-90, E-Mail: fulda@kirchentag.de

Deutsches Nationalkomitee des Lutherischen Weltbundes, Podbielskistr. 164, 30177 Hannover, Tel.: 0511 696872-0, Fax: 0511 696872-22, E-Mail: info@dnk-lwb.de, Internet: www.dnk-lwb.de

Reformierter Bund, Knochenhauerstr. 42, 30159 Hannover, Tel.: 0511 47399374, Fax: 0511 47399428, E-Mail: info@reformierter-bund.de, Internet.: www.reformierter-info.de

2. Freikirchen

Vereinigung Evangelischer Freikirchen (VEF) e.V.,
Sitz des Vereins: Präsident: Christoph **Stiba**, Johann-Gerhard-Oncken-Str. 7, 14641 Wustermark, Tel.: 033234 74-100, Fax: 033324 74-199, E-Mail: praesident@vef.de. *Stellvertr. Präsident:* Marc Brenner, Schurwaldstr. 10, 73660 Urbach, Tel.: 07181 9875-17, Fax: 07181 9875-20, E-Mail: Marc.Brenner@gemeindegottes.de, Internet: www.vef.de

Zu der Vereinigung Evangelischer Freikirchen gehören:

Anskar-Kirche Deutschland e.V., Fischteich 28, 35043 Magdeburg, Tel.: 06421 9484186, E-Mail: info@anskar.de, Internet: www.anskar.de

Arbeitsgemeinschaft Mennonitischer Gemeinden in Deutschland K.d.ö.R., Postadresse: Eysseneckstr. 54, 60322 Frankfurt, Tel.: 069 590228, E-Mail: vorstand@mennoniten.de, Internet: www.mennoniten.de

Bund Evangelisch-Freikirchlicher Gemeinden in Deutschland K.d.ö.R., Bundesgeschäftsstelle, Johann-Gerhard-Oncken-Str. 7, 14641 Wustermark, Tel.: 033234 74-105, Fax: 033234 74-199, E-Mail: info@baptisten.de, Internet: www.baptisten.de

Bund Freier evangelischer Gemeinden in Deutschland K.d.ö.R., Goltenkamp 4, 58452 Witten, Tel.: 02302 937-0, Fax: 02302 937-99, E-Mail: info@bund.feg.de, Internet: www.feg.de

Bund Freikirchlicher Pfingstgemeinden K.d.ö.R., Industriestr. 6–8, 64390 Erzhausen, Tel.: 06150 9737-0, Fax: 06150 9737-97, E-Mail: info@bfp.de, Internet: www.bfp.de

Die Heilsarmee in Deutschland K.d.ö.R., Territoriales Hauptquartier, Salierring 23–27, 50677 Köln, Tel.: 0221 20819-0, Fax: 0221 20819-899, E-Mail: info@heilsarmee.de, Internet: www.heilsarmee.de

Evangelisch-methodistische Kirche in Deutschland K.d.ö.R., Dielmannstr. 26, 60599 Frankfurt a.M., Tel.: 069 242521-0, Fax: 069 242521-129, E-Mail: bischofsbuero@emk.de, Internet: www.emk.de

Foursquare Deutschland e.V. (Freik. Ev. Gemeindewerk in Deutschland – fegw), Euckenstr. 30, 65929 Frankfurt a.M., Tel.: 069 25534546, Fax: 0321 212 49559, E-Mail: office@fegw.de, Internet: www.foursquare-deutschland.de

Freikirchlicher Bund der Gemeinde Gottes e.V., Torstr. 1, 22525 Hamburg, Tel.: 040 180240012, E-Mail: info@fbgg.de, Internet: www.fbgg.de

Gemeinde Gottes in Deutschland KdöR, Schurwaldstr. 10, 73660 Urbach, Postfach 1220, 73657 Urbach, Tel.: 07181 9875-0, Fax: 07181 9875-20, E-Mail: info@GemeindeGottes.de, Internet: www.GemeindeGottes.de

Kirche des Nazareners, Deutscher Bezirk e.V., Frankfurter Str. 16–18, 63571 Gelnhausen, Tel.: 06051 473328, Fax: 06051 473358, E-Mail: bezirk@nazarener.de, Internet: www.nazarener.de

Mülheimer Verband Freikirchlich-Evangelischer Gemeinden e.V., Habenhauser Dorfstr. 27, 28279 Bremen, Tel.: 0421 8399130, Fax: 0421 8399136, E-Mail: mv-bremen@t-online.de, Internet: muelheimer-verband.de

Als Gäste:

Ev. Brüder-Unität KdöR, Herrnhuter Brüdergemeine
Herrnhut: Sitz der Evang. Brüder-Unität, Vogtshof, Zittauer Str. 20, 02747 Herrnhut, Postfach 21, 02745 Herrnhut, Tel.: 035873 487-0, Fax: 035873 487-99, E-Mail: info@ebu.de, Internet: www.herrnhuter.de
Bad Boll: Unitätshaus, Badwasen 6, 73087 Bad Boll, Tel.: 07164 9421-0, Fax: 07164 9421-99, E-Mai: brueder-unitaet@bb.ebu.de, Internet: www.herrnhuter.de

Freikirche der Siebenten-Tags-Adventisten in Deutschland K.d.ö.R.
Norddeutscher Verband: Hildesheimer Str. 426, 30519 Hannover, Tel.: 0511 97177-100, Fax: 0511 97177-199, E-Mail: ndv@adventisten.de, Internet: www.ndv.adventisten.de
Süddeutscher Verband: Senefelderstr. 15, 73760 Ostfildern, Tel.: 0711 44819-0, Fax: 0711 44819-60, E-Mail: info@sdv.adventisten.de, Internet: www.adventisten.de

Apostolische Gemeinschaft, Cantadorstr. 11, 40211 Düsseldorf, Tel.: 0211 350399, Fax: 0211 3613735, E-Mail: verwaltung@apostolisch.de, Internet: www.apostolisch.de

Selbstständige lutherische Freikirchen:

Evangelisch-Lutherische Freikirche, *Kirchenbüro:* Bahnhofstr. 8, 08056 Zwickau, Tel.: 0375 212850, E-Mail: praeses.elfk@elfk.de oder post@concordiabuch.de, Internet: www.elfk.de

Evangelisch-Lutherische Kirche in Baden, *Kirchenleitung:* Stadtstr. 22, 79104 Freiburg, Tel.: 0761 36723, Fax: 0761 383023, E-Mail: freiburg@elkib.de, Internet: www.freiburg.elkib.de

Selbständige Evangelisch-Lutherische Kirche (SELK), *Kirchenbüro:* Schopenhauerstr. 7, 30625 Hannover; Postfach 69 04 07, 30613 Hannover, Tel.: 0511 557808, Fax: 0511 551588, E-Mail: selk@selk.de, Internet: www.selk.de (Konto: Deutsche Bank Hannover, IBAN: DE47250700240444444400, BIC: DEUTDEDBHAN)

3. Evangelische Arbeitsgemeinschaften und Verbände

Arbeitsgemeinschaft der Ev. Jugend in Deutschland e.V. (aej), Otto-Brenner-Str. 9, 30159 Hannover, Tel.: 0511 1215-0, Fax: 0511 1215-299, E-Mail: info@evangelische-jugend.de, Internet: www.evangelische-jugend.de

Arbeitsgemeinschaft Ev. Schülerinnen- u. Schülerarbeit (aes), Otto-Brenner-Str. 9, 30159 Hannover, Tel.: 0511 1215-140, Fax: 0511 1215-299, E-Mail: aes@aej-online.de, Internet: www.aes-verband.de

Arbeitskreis Ev. Unternehmer in Deutschland e.V. (AEU), Karlstr. 84, 76137 Karlsruhe, Tel.: 0721 352370, Fax: 0721 352377, E-Mail: info@aeu-online.de, Internet: www.aeu-online.de

CVJM-Gesamtverband in Deutschland e.V., Postfach 41 01 54, 34063 Kassel, Im Druseltal 8, 34131 Kassel, Tel.: 0561 3087-0, Fax: 0561 3087-270, E-Mail: info@cvjm.de, Internet: www.cvjm.de (Konto: Evangelische Bank eG, IBAN: DE05 5206 0410 0000 0053 47)

Deutscher Evangelischer Frauenbund e.V., Bundesverband, Sallstr. 57, 30171 Hannover, Tel.: 0511 35379523, Fax: 0511 56374976, E-Mail: info@def-bundesverband.de, Internet: www.def-bundesverband.de

Deutscher Jugendverband „Entschieden für Christus" (EC) e.V., Leuschnerstr. 74, 34134 Kassel, Tel.: 0561 4095-0, Fax: 0561 4095-112, E-Mail: kontakt@ec-jugend.de, Internet: www.ec.de

ESG – Verband der Evangelischen Studierendengemeinden in Deutschland, Otto-Brenner-Str. 9, 30159 Hannover, Tel.: 0511 1215-139, Fax: 0511 1215-299, E-Mail: esg@bundes-esg.de, Internet: www.bundes-esg.de

Ev. Akademikerschaft in Deutschland (EAiD) e.V., Im Lontel 31, 71254 Ditzingen, Tel.: 07156 1797954, E-Mail: evangakadid@t-online.de, Internet: www.ev-akademiker.de (Konto: IBAN: DE03 5206 0410 0000 8002 01, BIC: GENODEF1EK1)

Ev. Verband Kirche-Wirtschaft-Arbeitswelt e.V. (KWA), Arnswaldtstr. 6, 30159 Hannover, Tel.: 0511 473877-0, Fax: 0511 473877-18; *Kontakt:* Geschäftsführer Dr. Axel Braßler, E-Mail: a.brassler@kwa-ekd.de, Internet: www.kwa-ekd.de

evangelische arbeitsgemeinschaft familie e.V. (eaf), Auguststr. 80, 10117 Berlin, Tel.: 030 28395-400, Fax: 030 28395-450, E-Mail: info@eaf-bund.de, Internet: www.eaf-bund.de

Evangelische Arbeitsgemeinschaft für Altenarbeit in der EKD (EAfA), Herrenhäuser Str. 12, 30419 Hannover, Tel.: 0511 2796-205, E-Mail: eafa@ekd.de, Internet: www.ekd.de/eafa

Evangelische Arbeitsgemeinschaft für Kriegsdienstverweigerung und Frieden (EAK), Bundesgeschäftsstelle, Endenicher Str. 41, 53115 Bonn, Tel.: 0228 24999-0, Fax: 0228 24999-20, E-Mail: office@eak-online.de, Internet: www.eak-online.de (Spenden für den Friedrich Siegmund-Schultze Förderpreis für gewaltfreies Handeln: Sonderkonto EAK, Sparkasse Bremen, Kto.Nr. 1 106 566, BLZ 290 501 01)

Evangelische Konferenz für Familien- u. Lebensberatung e.V. Fachverband für Psychologische Beratung u. Supervision, Lehrter Str. 68, 10557 Berlin, Tel.: 030 5213559-39, Fax: 030 5213559-11, E-Mail: info@ekful.de, Internet: www.ekful.de

Evangelischer Fachverband für Frauengesundheit e.V. (EVA), Caroline-Michaelis-Str. 1, 10115 Berlin, Tel.: 030 84418641, Fax: 030 84418654, E-Mail: info@eva-frauengesundheit.de, Internet: www.eva-frauengesundheit.de

Evangelisches Zentralinstitut für Familienberatung gGmbH, Auguststr. 80, 10117 Berlin, Tel.: 030 28395-200, Fax: 030 28395-222, E-Mail: ezi@ezi-berlin.de, Internet: www.ezi-berlin.de

Evangelisches Zentrum, Frauen und Männer gGmbH, Berliner Allee 9–11, 30175 Hannover, Tel.: 0511 89768-0 Fax: 0511 89768-199, E-Mail: info@evangelisches-zentrum.de, Internet: www.evangelisches-zentrum.de

Gesamtverband für Kindergottesdienst in der EKD e.V., Schreiberstr. 12, 48149 Münster, Tel.: 0251 98101-33, E-Mail: geschaeftsstelle@kindergottesdienst-ekd.de, Internet: www.kindergottesdienst-ekd.de

Konferenz der Frauenreferate/Gleichstellungsstellen in den Gliedkirchen der EKD, Kirchenamt der EKD, Herrenhäuser Str. 12, 30419 Hannover, Tel.: 0511 2796-441, Fax: 0511 2796-99441, E-Mail: Referat-fuer-Chancengerechtigkeit@ekd.de, Internet: www.ekd.de/Konferenz-der-Frauenreferate-Gleichstellungsstellen-in-den-Gliedkirchen-der-EKD-28033.htm

Männerarbeit der EKD, Hauptgeschäftsstelle, Berliner Allee 9–11, 30175 Hannover, Tel.: 0511 89768200, E-Mail: info@maennerarbeit-ekd.de, Internet: maennerarbeit-ekd.de

MBK – Evangelisches Jugendwerk e.V., Hermann Löns-Str. 9a, 32105 Bad Salzuflen, Tel.: 05222 1805-0, Fax: 05222 1805-27, E-Mail: info@mbk-web.de, Internet: www.mbk-web.de

netzwerk-m e.V., Druseltalstr. 125, 34131 Kassel, Tel.: 0561 93875-0, Fax: 0561 93875-20, E-Mail: info@netzwerk-m.de, Internet: www.netzwerk-m.de (Konto: EKK Kassel, IBAN: DE65 5206 0410 0000 0012 60, BIC: GENODEF 1EK1)

Ökum. Kreuzweg der Jugend, Koordination bei Jugendhaus Düsseldorf e.V.: Carl-Mosterts-Platz 1, 40477 Düsseldorf, Tel.: 0211 484766-20, E-Mail: bothe@afj.de, Internet: www.jugendhaus-duesseldorf.de

Studentenmission in Deutschland (SMD) e.V. – Postfach 20 05 54, 35017 Marburg, Universitätsstr. 30–32, 35037 Marburg, Tel.: 06421 9105-0, Fax: 06421 9105-27, E-Mail: info@smd.org, Internet: www.smd.org (Konto: EKK Kassel, IBAN: DE75 5206 0410 0000 8004 57, BIC: GENODEF1EK1)

Verband Christlicher Pfadfinderinnen u. Pfadfinder (VCP) e.V., Bundeszentrale, Wichernweg 3, 34121 Kassel, Tel.: 0561 78437-0, Fax: 0561 78437-40, E-Mail: info@vcp.de, Internet: www.vcp.de

Verein für Internationale Jugendarbeit Bundesverein e.V., Glockenstr. 14, 90478 Nürnberg, Tel.: 0170 5496550, E-Mail: office@vij.de, Internet: www.vij.de, www.au-pair-vij.org

Bundespolizeiseelsorge:

Der Beauftragte des Rates der EKD für die Evangelische Seelsorge in der Bundespolizei Landesbischof Dr. Karl-Hinrich **Manzke**, Bahnhofstr. 6, 31675 Bückeburg, Tel.: 05722 960-116, Fax: 05722 960-102, E-Mail: landesbischof@lksl.de, Internet: www.bundespolizei-seelsorge-evangelisch.de

Der Evangelische Dekan der Bundespolizei, Dekan Dr. Helmut **Blanke**, Bundespolizeipräsidium, Heinrich-Mann-Allee 103, 14473 Potsdam, Tel.: 0331 97997-9840, Fax: 0331 97997-9841, E-Mail: bpolp.ev-dekan.potsdam@polizei.bund.de, Internet: www.bundespolizei-seelsorge-evangelisch.de

Militärseelsorge:

Evangelischer Militärbischof Dr. Bernhard **Felmberg**, Jebensstr. 3, 10623 Berlin, Tel.: 030 310181-102, Fax: 030 31001-2070, E-Mail: Ev.Militaerbischof@hesb.de, Internet: www.militaerseelsorge.de

Evangelisches Kirchenamt für die Bundeswehr, Jebensstr. 3, 10623 Berlin, Tel.: 030 310181-0, Fax: 030 310181-105, E-Mail: militaerseelsorge@ekd.de, Internet: www.militaerseelsorge.de

Polizeiseelsorge:

Konferenz Ev. Polizeipfarrerinnen u. Polizeipfarrer (KEPP), (*Vors.:*) Pastor Uwe **Köster**, Domsheide 2, 28195 Bremen, Tel.: 0421 2442890, Fax: 0421 2442891, E-Mail: polizeiseelsorge@kirche-bremen.de

Lehrbeauftragter des Rates der EKD für Ethik im Polizeiberuf an der Deutschen Hochschule der Polizei (DHPol), Landespfarrer Werner **Schiewek**, Zum Roten Berge 18–24, 48165 Münster, Tel.: 02501 806-431, Fax: 02501 806-307, E-Mail: werner.schiewek@dhpol.de, Internet: www.ekd.de

4. Diakonische Arbeit

Evangelisches Werk für Diakonie und Entwicklung e.V.

Dienststelle:

- Berlin: Caroline-Michaelis-Str. 1, 10115 Berlin, Tel.: 030 65211-0, Fax: 030 65211-3333, E-Mail: diakonie@diakonie.de, Internet: www.diakonie.de
- Brüssel: Diakonisches Werk der EKD e.V., EU-Vertretung, Rue Joseph II, 166, B - 1000 Brüssel, Tel.: 0032 2 28210-40, Fax: 0032 2 28210-49, E-Mail: eu-vertretung@diakonie.de, Internet: www.diakonie.de

Vertrieb: Evangelisches Werk für Diakonie und Entwicklung e.V., Zentraler Vertrieb, Karlsruher Str. 11, 70771 Echterdingen, Tel.: 0711 2159-777, Fax: 0711 79775-02, E-Mail: vertrieb@diakonie.de, Internet: www.diakonie.de

Altkonfessionelle und Freikirchen: Arbeitsgemeinschaft evangelischer Kirchen für Diakonie und Entwicklung, Caroline-Michaelis-Str. 1, 10115 Berlin, Tel.: 030 65211-1415, E-Mail: mail@aek-diakonie-und-entwicklung.de, Internet: www.daek.de

v. Bodelschwinghsche Stiftungen Bethel:

- *v. Bodelschwinghsche Stiftungen Bethel*, Königsweg 1, 33617 Bielefeld, Tel.: 0521 144-00, E-Mail: presse@bethel.de, Internet: www.bethel.de (Konto: Spk. Bielefeld, IBAN: DE48 4805 0161 0000 0040 77, BIC: SPBIDE3BXXX)
- *Sarepta Schwesternschaft,* Mutterhaus, Am Zionswald 5, 33617 Bielefeld, Tel.: 0521 144-2101, Fax: 0521 144-5482, Internet: www.sarepta.de. – *Stiftung Sarepta:* Nazarethweg 5, 33617 Bielefeld, Tel.: 0521 144-2229, Fax: 0521 144-2213, Internet: www.sarepta-nazareth.de. – *Haus der Stille:* Am Zionswald 5, 33617 Bielefeld, Tel.: 0521 144-2520, Fax: 0521 144-5482, Internet: www.haus-der-stille-bethel.de. – *Alice-Salomon-Haus:* Bethesdaweg 8, 33617 Bielefeld, Tel.: 0521 144-2485, Fax: 0521 144-5582, Internet: www.alice-salomon-haus.de. – *Altenhilfe Bethel:* Tel.: 0800 2583644, Fax: 0521 144-5487, Internet: www.altenhilfe-bethel.de
  Bund Deutscher Gemeinschafts-Diakonissen. – *Bethel ambulant:* Deckertstr. 81, 33617 Bielefeld, Tel.: 0800 2628526, Fax: 0521 55775619, Internet: www.bethel-ambulant.de
- *Diakonische Gemeinschaft Nazareth:* Nazarethweg 5–7, 33617 Bielefeld, Tel.: 0521 144-4152, Fax: 0521 144-4151, Internet: www.sarepta-nazareth.de. – *Ev. Bildungsstätte für Diakonie und Gemeinde:* Nazarethweg 7, 33617 Bielefeld, Tel.: 0521 144-4110, Fax: 0521 144-5741, Internet: www.diakon-in.de. – *Pflegeschule Nazareth:* Nazarethweg 7, 33617 Bielefeld, Tel.: 0521 144-2530, Fax: 0521 144-5741, Internet: www.fachseminaraltenpflege-bethel.de.
  Schulleitung: Diakon Thomas Kreutz

Fachhochschule der Diakonie gem. GmbH: Bethelweg 8, 33617 Bielefeld, Tel.: 0800 3434256, Fax: 0521 144-3032, Internet: www.fh-diakonie.de. – *Tagungszentrum Bethel:* Nazarethweg 5, 33617 Bielefeld, Tel.: 0521 144-4103, Fax: 0521 144-4477, Internet: www.tagungszentrum-bethel.de

Bund der Deutschen Gemeinschafts-Diakonissen-Mutterhäuser, Chrischonarain 135, CH-4126 Bettingen/BS, Tel.: 0041 (0)616066500, E-Mail: info@dmh-chrischona.org, Internet: www.dmh-chrischona.org

Deutscher Gemeinschafts-Diakonieverband e.V., Stresemannstr. 22, 35037 Marburg, Tel.: 06421 188-0, Fax: 06421 188-199, E-Mail: vorstand-ev@dgd.org, Internet: www.dgd.org

Deutscher Gemeinschafts-Diakonieverband GmbH, Stresemannstr. 22, 35037 Marburg, Tel.: 06421 188-0, Fax: 06421 188-201, E-Mail: direktion@dgd.org, Internet: www.dgd.org

Ev. Diakonieverein Berlin Zehlendorf e.V. / Schwesternschaft des Ev. Diakonievereins, Glockenstr. 8, 14163 Berlin, Tel.: 030 8099700, Fax: 030 8022452, E-Mail: info@diakonieverein.de, Internet: www.diakonieverein.de

Ev. Fach- und Berufsverband für Pflege und Gesundheit e.V. (EFAKS), *Vors.:* Ulrike Döring, Auguste-Viktoria-Str. 16, 65185 Wiesbaden, Postfach 2401, 65014 Wiesbaden, Tel.: 06122 940828, E-Mail: info@efaks.de, Internet: www.efaks.de

Hephata Hessisches Diakoniezentrum e.V., Sachsenhäuser Str. 24, 34613 Schwalmstadt-Treysa, Tel.: 06691 181316, Fax: 06691 181389, E-Mail: info@hephata.de, Internet: www.hephata.de

Johanniterorden, Finckensteinallee 111, 12205 Berlin, Tel.: 030 2309970-0, Fax: 030 2309970-256, E-Mail: info@johanniterorden.de, Internet: www.johanniterorden.de

Kaiserswerther Verband deutscher Diakonissen-Mutterhäuser e.V., Landhausstr. 10, 10717 Berlin, Tel.: 030 86424170, Fax: 030 86424169, E-Mail: verband@kaiserswerther-verband.de, Internet: www.kaiserswerther-verband.de

Konferenz der Leiter und Leiterinnen diakonischer Träger mit Diakonatsgemeinschaften (KLD); *Vors.:* Pastor Dr. Friedemann **Green**, Stiftung Das Rauhe Haus, Beim Rauhen Hause 21, 22111 Hamburg, Tel.: 040 65591-100, Fax: 040 65591-102, E-Mail: vorsteher@rauheshaus.de

Stiftung Das Rauhe Haus, Brüder- und Schwesternschaft, Beim Rauhen Hause 21, 22111 Hamburg, Tel.: 040 65591-170, Fax: 040 65591-372, E-Mail: diakonenbuero@rauheshaus.de, Internet: www.rauheshaus.de/das-rauhe-haus/brueder-und-schwesternschaft.html

Verband Ev. Diakonen-, Diakoninnen- u. Diakonatsgemeinschaften in Deutschland e.V. (VEDD), Glockenstr. 8, 14163 Berlin, Tel.: 030 80108404, Fax: 030 80108406, E-Mail: vedd@vedd.de, Internet: www.vedd.de

Zehlendorfer Verband für Evangelische Diakonie e.V., Freiligrathstr. 8, 64285 Darmstadt, Tel.: 06151 602821, Fax: 06151 602838, E-Mail: info@zehlendorfer-verband.de, Internet: www.zehlendorfer-verband.de

Diakonische Verbände und Vereinigungen

AUSBILDUNGSHILFE – Christian Education Fund e.V., Wilhelmshöher Allee 330, 34131 Kassel, Tel.: 0561 9378-380, Fax: 0561 9378-417, E-Mail: ausbildungshilfe@ekkw.de, Internet: www. ausbildungshilfe.de (Konto: Evangelische Bank, IBAN: DE88 5206 0410 0000 0030 77, BIC: GENODEF1EK1)

Blaues Kreuz in Deutschland e.V. / Blaues Kreuz Diakoniewerk mildtätige GmbH, Schubertstr. 41, 42289 Wuppertal, Tel.: 0202 62003-0, Fax: 0202 62003-81, E-Mail: bkd@blaues-kreuz.de, Internet: www.blaues-kreuz.de

Brot für die Welt, Evangelisches Werk für Diakonie und Entwicklung e.V., Caroline-Michaelis-Str. 1, 10115 Berlin, Tel.: 030 65211-0, Fax: 030 65211-3333, E-Mail: kontakt@brot-fuer-die-welt.de, Internet: www.brot-fuer-die-welt.de (Konto: Bank für Kirche und Diakonie, IBAN: DE10 1006 1006 0500 5005 00, BIC: GENODED1KDB)

Bundesverband ev. Ausbildungsstätten für Sozialpädagogik, Caroline-Michaelis-Str. 1, 10115 Berlin, Tel.: 030 65211 1573, Fax: 030 65211 3573, E-Mail: bea@diakonie.de, Internet:www.beaonline.de

Bundesverband ev. Behindertenhilfe e.V. (BeB), Invalidenstr. 29, 10115 Berlin, Tel.: 030 83001-270, Fax: 030 83001-275, E-Mail: info@beb-ev.de, Internet: www.beb-ev.de

Bundesvereinigung Ev. Tageseinrichtungen für Kinder e.V., Caroline-Michaelis-Str. 1, 10115 Berlin, Tel.: 030 65211-1717, Fax: 030 65211-3717, E-Mail: mail@beta-diakonie.de, Internet: www.beta-diakonie.de

Dachverband der ev. Blinden- u. ev. Sehbehindertenseelsorge (DeBeSS), Ständeplatz 18, 34117 Kassel, Tel.: 0561 72987161, Fax: 0561 7394052, E-Mail: buero@debess.de, Internet: www.debess.de

Deutsche Arbeitsgemeinschaft für Ev. Gehörlosenseelsorge (DAFEG) e.V., Ständeplatz 18, 34117 Kassel, Tel.: 0561 73940-51, Fax: 0561 73940-52, E-Mail: info@dafeg.de, Internet: www.dafeg.de

Deutscher Ev. Verband für Altenarbeit und Pflege e.V. (DEVAP), Invalidenstr. 29, 10115 Berlin, Tel.: 030 83001-277, Fax: 030 83001-25277, E-Mail: info@devap.de, Internet: www.devap.de

Deutsche Seemannsmission e.V., Ökumenisches Forum HafenCity, Shanghaiallee 12, 20457 Hamburg, Tel.: 040 369002-761, E-Mail: headoffice@seemannsmission.org, Internet: www.seemannsmission.org

Diakonie Katastrophenhilfe, Evangelisches Werk für Diakonie und Entwicklung e.V., Caroline-Michaelis-Str. 1, 10115 Berlin, Tel.: 030 652110, E-Mail: kontakt@diakonie-katastrophenhilfe.de, Internet: www.diakonie-katastrophenhilfe.de (Konto: Evangelische Bank, IBAN: DE68 5206 0410 0000 5025 02, BIC: GENODEF1EK1)

Evangelischer Bundesfachverband Existenzsicherung und Teilhabe (EBET) e.V., Caroline-Michaelis-Str. 1, 10115 Berlin, Tel.: 030 65211-1652 und -1644, Fax: 030 65211-3644, E-Mail: ebet@diakonie.de, Internet: www.ebet-ev.de

Evangelisches Studienseminar, Protestant Seminary for Advanced Studies Hofgeismar, Gesundbrunnen 10, 34369 Hofgeismar, Tel.: 05671 881271, Fax: 05671 881250, E-Mail: studienseminar@ekkw.de, Internet: www.studienseminar-hofgeismar.de

Ev. Auslandsberatung e.V. für Auswanderer, Auslandstätige u. Ausländer-Ehen, Rautenbergstr. 11, IV., 20099 Hamburg, Tel.: 040 2000 4400 10, Fax: 040 2000 4400 19, E-Mail: info@ev-auslandsberatung.de, Internet: www.ev-auslandsberatung.de

Ev. Circus- und Schaustellerseelsorge, Geschäftsstelle im Kirchenamt der EKD, Herrenhäuser Str. 12, 30419 Hannover, Tel.: 0511 2796-205, Fax: 0511 2796-722, E-Mail: ev-css-buero@ekd.de, Internet: www.ekd.de/Circus-und-Schaustellerseelsorge-24396.htm

Ev. Erziehungsverband e.V. (EREV), Flüggestr. 21, 30161 Hannover, Tel.: 0511 390881-0, Fax: 0511 390881-16, E-Mail: info@erev.de, Internet: www.erev.de

Ev. Gesellschaft für Ost-West-Begegnung e.V. (EGB), Auf dem Hagen 23, 37079 Göttingen, Tel.: 0551 4997538, Fax: 0551 4997560, E-Mail: mail@egb-info.de, Internet: www.egb-info.de (Konto: EKK Hannover, DE10 5206 0410 0000 6168 42)

Ev. Konferenz für Gefängnisseelsorge in Deutschland, Herrenhäuser Str. 12, 30419 Hannover, Tel.: 0511 2796-406, E-Mail: heike.roziewski@ekd.de, Internet: www.gefaengnisseelsorge.de

Ev. Schwerhörigenseelsorge in Deutschland e.V. (ESiD), Ständeplatz 18, 34117 Kassel, Tel.: 0561 2861814, Fax: 0561 7394052, E-Mail: buero@schwerhoerigenseelsorge.de, Internet: www.schwerhoerigenseelsorge.de

Ev. Seniorenwerk e.V., Bundesverband; Geschäftsstelle: Diakonisches Werk DWBO, Paulsenstr. 55/56, 12163 Berlin, (Postfach 332014, 14180 Berlin); *Vors.:* Elimar Brandt, Gaudystr. 24, 10437 Berlin, E-Mail: eb@elimar-brandt.de, Internet: www.evangelisches-seniorenwerk.de

Gesamtverband für Suchthilfe e.V. – Fachverband der Diakonie Deutschland, Invalidenstr. 29, 10115 Berlin-Mitte, Tel.: 030 83001 500, Fax: 030 83001 505, E-Mail: gvs@sucht.org, Internet: www.sucht.org

Internationale Konferenz theologischer Mitarbeiterinnen u. Mitarbeiter in der Diakonie e.V., *Vorstandsvors.:* Pfarrer Dr. Martin Zentgraf, c/o HDV-Zentrale, Freiligrathstr. 8, 64285 Darmstadt, Tel.: 06151 602821, Fax: 06151 602838, E-Mail: martin.zentgraf@hdv-darmstadt.de, www.internationale-konferenz-diakonie.de

Internationales Hilfswerk für Zigeuner e.V., Postfach 41 04 10, 76204 Karlsruhe, Tel.: 06341 34377, Fax: 06341 34366, E-Mail: Gerhard.Heinzman@t-online.de (i.h.z@web.de), Internet: www.zigeunermission.org

Kindernothilfe e.V. (Christl. Kinderhilfswerk, das in unterschiedl. Programmen Kinder u. Jugendliche in Afrika, Asien, Lateinamerika u. Osteuropa unterstützt), Düsseldorfer Landstr. 180, 47249 Duisburg, Tel.: 0203 7789-0, Fax: 0203 7789-118, E-Mail: info@kindernothilfe.de, Internet: www.kindernothilfe.de (Spendenkonto: Bank für Kirche und Diakonie eG (KD-Bank), IBAN: DE 92 3506 0190 0000 4545 40) KD-Bank Duisburg eG, Kto. 454 540, BLZ 350 601 90)

Konvent der ehemaligen ev. Ostkirchen e.V.
Gst.: Manuela Barbknecht, Herrenhäuser Str. 12, 30419 Hannover, Tel.: 0511 2796-136, Fax: 0511 2796-99136, E-Mail: manuela.barbknecht@ekd.de, Internet: www.ev-ostkirchen.de
Kontakt: Vors.: Pfarrer Christfried Boelter, Cumbacher Str. 12, 99880 Waltershausen, Tel.: 03622 905821, E-Mail: ch.boelter@t-online.de;
stellv. Vors.: Pastor i. R. Dr. Hans-Henning Neß, Luxemburgstr. 1, 37079 Göttingen, Tel.: 0511 68141, E-Mail: h-h.ness@mail.de

Oikocredit International (Ökumenische Entwicklungsgenossenschaft), Berkenweg 7, 3818 LA Amersfoort, Niederlande, Tel.: 0031 33 4224040, Fax: 0031 33 4650336, E-Mail: info@oikocredit.org, Internet: www.oikocredit.org
Geschäftsstelle Deutschland: Berger Str. 211, 60385 Frankfurt a.M., Tel.: 069 21083110, Fax: 069 21083112, E-Mail: info@oikocredit.de
Oikocredit Förderkreis Baden-Württemberg e.V., Vogelsangstr. 62, 70197 Stuttgart, Tel.: 0711 120005-0, Fax: 0711 12000522, E-Mail: baden-wuerttemberg@oikocredit.de
Oikocredit Förderkreis Bayern e.V., Hallplatz 15–19, 90402 Nürnberg, Tel.: 0911 3769000, Fax: 0911 3769002, E-Mail: bayern@oikocredit.de
Oikocredit Förderkreis Hessen-Pfalz e.V., Berger Str. 211, 60385 Frankfurt a.M., Tel.: 069 74221801, Fax: 069 21083112, E-Mail: hessen-pfalz@oikocredit.de
Oikocredit Förderkreis Mitteldeutschland e.V., Leibnizstr. 4, 39104 Magdeburg, Tel.: 0391 597770-36, Fax: 0391 597770-38, E-Mail: mitteldeutschland@oikocredit.de
Oikocredit Förderkreis Niedersachsen-Bremen e.V., Goslarsche Str. 93, 38118 Braunschweig, Tel.: 0531 2615586, Fax: 0531 2615588, E-Mail: niedersachsen-bremen@oikocredit.de
Oikocredit Förderkreis Norddeutschland e.V., Königstr. 54, 22767 Hamburg, Tel.: 040 94362800, E-Mail: norddeutschland@oikocredit.de
Oikocredit Förderkreis Nordost e.V., Kissingenstr. 33, 13189 Berlin, Tel.: 030 68057150 und Fax: 030 68057151, E-Mail: nordost@oikocredit.de
Oikocredit Westdeutscher Förderkreis e.V., Adenauerallee 37, 53113 Bonn, Tel.: 0228 6880280, Fax: 0228 68809280, E-Mail: westdeutsch@oikocredit.de

Schwarzes Kreuz, Christl. Straffälligenhilfe e.V., Jägerstr. 25a, 29221 Celle, Tel.: 05141 94616-0, Fax: 05141 94616-26, E-Mail: info@naechstenliebe-befreit.de, Internet: www.naechstenliebe-befreit.de (Konto: Evangelische Bank eG, IBAN: DE83 5206 0410 0000 6002 02, BIC: GENODEF1EK1)

Verband der Deutschen Ev. Bahnhofsmission, S-Bahnhof Jannowitzbrücke, Bogen 14, 10179 Berlin, Tel.: 030 6449199-60, Fax: 030 6449199-67, E-Mail: info@bahnhofsmission.de, Internet: www.bahnhofsmission.de

Weißes Kreuz e.V. – Sexualethik u. Seelsorge, Weißes-Kreuz-Str. 3, 34292 Ahnatal, Tel.: 05609 8399-0, Fax: 05609 8399-22, E-Mail: info@weisses-kreuz.de, Internet: www.weisses-kreuz.de

5. Missionarische Dienste und Entwicklungszusammenarbeit

Allianz-Mission e.V., Jahnstr. 53, 35716 Dietzhölztal, Tel.: 02774 9314-0, Fax: 02774 9314-14, E-Mail: info@allianzmission.de, Internet: www.allianzmission.de (Konto: SKB Witten, IBAN: DE86 4526 0475 0009 1109 00, BIC: GENODEM1BFG)

Arbeitsgemeinschaft Missionarische Dienste (AMD), Caroline-Michaelis-Str. 1, 10115 Berlin, Tel.: 030 65211-1862, Fax: 030 65211-3862, E-Mail: amd@diakonie.de, Internet: www.a-m-d.de; *Vors.:* Landesbischof i.R. Dr. Ulrich Fischer

Arbeitskreis Kirche und Sport der EKD, *Gf.:* Birgit Reichel, Herrenhäuser Str. 12, 30419 Hannover, Tel.: 0511 2796-413, Fax: 0511 2796-99-413, E-Mail: birgit.reichel@ekd.de, Internet: www.kirche-und-sport.de

Basler Mission – Deutscher Zweig e.V., Vogelsangstr. 62, 70197 Stuttgart, Tel.: 0711 63678-0, Fax: 0711 63678-54, E-Mail: Bullard-Werner@ems-online.org, Internet: www.ems-online.org

Bundesverband der evangelischen Stadtmissionen in Deutschland, Ev. Werk für Diakonie und Entwicklung e.V., *Gf.*: Dr. Tobias Kirchhof; *Vorsitz*: Martin Zwick, Caroline-Michaelis-Str. 1, 10115 Berlin, Tel.: 030 65211-1674, Fax: 030 65211-3674, E-Mail: gabriela.mikosch@mi-di.de, Internet: www.stadtmissionen.de

Christusträger Bruderschaft e.V., Am Klosterberg 2, Kloster Triefenstein, 97855 Triefenstein, Tel.: 09395 777-0, Fax: 09395 777-103, E-Mail: tr-triefenstein@christustraeger.org, Internet: www.christustraeger-bruderschaft.org

Christusträger-Schwesternschaft e.V., *Leitung:* Schwestern Christine Fimpel, Dorothee Knauer, Inge Majer, Ulrike Nied, Hergershof. 8, 74542 Braunsbach, Tel.: 07906 8671, Fax: 07906 8670, E-Mail: verwaltung@christustraeger-schwestern.de, Internet: www.christustraeger-schwestern.de

Dt. Frauen-Missions-Gebetsbund e.V., Unter dem Klingelschacht 38, 57074 Siegen, Tel.: 0271 335333, Fax: 0271 335334, E-Mail: DFMGB-Siegen@t-online.de, Internet: www.dfmgb-siegen.de

dzm-die mobile mission, Patmosweg 10, 57078 Siegen, Tel.: 0271 8800-100, Fax: 0271 8800-150, E-Mail: info@dzm.de, Internet: www.die-mobile-mission.de (Konto: SPK Siegen, IBAN: DE50 4605 0001 0030 3374 06, BIC: WELADED1SIE)

Evangeliumsgemeinschaft Mittlerer Osten, Walkmühlstr. 8, 65195 Wiesbaden, Tel.: 0611 403995, Fax: 0611 451180, E-Mail: info@EMO-Wiesbaden.de, Internet: www.EMO-Wiesbaden.de (Konto: Ev. Bank, IBAN: DE88 5206 0410 0004 0004 47, BIC: GENODEF1KE1)

Ev. Gesellschaft für Deutschland, Telegrafenstr. 59–63, 42477 Radevormwald, Tel.: 02195 925-220, Fax: 02195 925-299, E-Mail: anfrage@egfd.de, Internet: www.egfd.de

Ev. Gnadauer Gemeinschaftsverband e.V., Leuschnerstr. 72a, 34134 Kassel, Tel.: 0561 20799-0, Fax: 0561 20799-29, E-Mail: info@gnadauer.de, Internet: www.gnadauer.de

Ev. Karmelmission e.V., Silcherstr. 56, 73614 Schorndorf, Tel.: 07181 9221-0, Fax: 07181 9221-11, E-Mail: info@ev-km.de, Internet: www.karmelmission.org (Konto: Postgiro Stuttgart, IBAN: DE41 6001 0070 0035 9507 04, BIC: PBNKDEFF)

Ev. Kirche von Kurhessen-Waldeck, Landeskirchenamt, Wilhelmshöher Allee 330, 34131 Kassel, Tel.: 0561 9378-0, Fax: 0561 9378-400, E-Mail: landeskirchenamt@ekkw.de, Internet: www.ekkw.de

Ev. Konferenz für TelefonSeelsorge u. Offene Tür e.V., Caroline-Michaelis-Str. 1, 10115 Berlin, Tel.: 030 65211-1-681, Fax: 030 65211-3-681, E-Mail: telefonseelsorge@diakonie.de, Internet: www.telefonseelsorge.de

Forum Wiedenest e.V., Eichendorffstr. 2, 51702 Bergneustadt, Tel.: 02261 406-0, Fax: 02261 406-155, E-Mail: info@wiedenest.de, Internet: www.wiedenest.de (Konto: Volksbank Oberberg, IBAN: DE71 3846 2135 2202 7000 15, BIC: GENODED1WIL)

Gustav-Adolf-Werk e.V., Diasporawerk der Ev. Kirche in Deutschland (GAW), Pistorisstr. 6, 04229 Leipzig, Tel.: 0341 49062-0, Fax: 0341 49062-66, E-Mail: info@gustav-adolf-werk.de, Internet: www.gustav-adolf-werk.de (Konto: KD Bank, IBAN: DE35 3506 0190 1609 8000 26, BIC: GENODED1DKD)

Kath. Konferenz für Telefonseelsorge u. Offene Tür, Kaiserstr. 161, 53113 Bonn, Tel.: 0228 103-324, Fax: 0228 103-334, E-Mail: telefonseelsorge@dbk.de, Internet: www.telefonseelsorge.de

KIRCHE UNTERWEGS e.V., kirchliche-missionarische Dienste auf Campingplätzen und in Gemeinden, Christliche Zirkusschule, Im Wiesental 1, 71554 Weissach im Tal, Tel.: 07191 61983, E-Mail: info@kircheunterwegs.de, Internet: www.kircheunterwegs.de

Kirchlicher Dienst im Gastgewerbe e.V., *Vors.:* Pfr. i. R. Hans-Georg Filker, E-Mail: hgfilker@gasthausmission.de. *Gfst.:* Evangelische Arbeitsstelle für missionarische Kirchenentwicklung und diakonische Profilbildung, im Ev. Werk für Diakonie und Entwicklung e.V., Caroline-Michaelis-Str. 1, 10115 Berlin, Tel.: 030 65211-1674, Fax: 030 65211-3674, Internet: www.kirchlicher-dienst-im-gastgewerbe.de

Liebenzeller Mission gemeinnützige GmbH, Postfach 12 40, 75375 Bad Liebenzell, Tel.: 07052 170, Fax: 07052 17-100, E-Mail: info@liebenzell.org, Internet: www.liebenzell.org (Konto: SPK Pforzheim Calw, Kto. 3 300 234, BLZ 666 500 85, IBAN-Nr.: DE27 6665 0085 003 3002 34, Swift BIC: PZHSDE 66)

Martin-Luther-Bund, Diasporawerk ev.-luth. Kirchen, Fahrstr. 15, 91054 Erlangen, Tel.: 09131 7870-0, E-Mail: info@martin-luther-bund.de, Internet: www.martin-luther-bund.de (Konto: Sparkasse Erlangen, IBAN: DE60 7635 0000 0000 0123 04, BIC: BYLADEM1ERH)

Mission für Süd-Ost-Europa (MSOE) e.V., Hommeswiese 132, 57258 Freudenberg, Tel.: 02734 28478-0, Fax: 02734 28478-20, E-Mail: info@msoe.org, Internet: www.msoe.org (Konto: Evangelische Bank eG, IBAN: DE32 520 604 1000 0000 4570, BIC: GENODEF1EK1)

Missionsakademie an der Universität Hamburg, Rupertistr. 67, 22609 Hamburg, Tel.: 040 823161-0, Fax: 040 823161-93, E-Mail: info@missionsakademie.de, *Vors. des Kuratoriums:* Bischöfin Kirsten Fehrs; *Vors. des Vorstandes:* Prof. Dr. Ulrich Dehn; *Studienleitung:* Dr. Anton Knuth (Geschäftsführender Studienleiter), Prof. Dr. Werner Kahl, Dr. Ruomin Liu, Pastorin Hanna Stahl

Missionswerk Frohe Botschaft e.V. (MFB), Nordstr. 15, 37247 Großalmerode, Tel.: 05604 5066, Fax: 05604 7397, E-Mail: kontakt@mfb-info.de, Internet: www.mfb-info.de (Konto: Ev. Bank, IBAN: DE22 5206 0410 0000 0000 94)

Neukirchener Mission e.V., Gartenstr. 15, 47506 Neukirchen-Vluyn, Tel.: 02845 7705005, E-Mail: info@neukirchener-mission.org, Internet: www.NeukirchenerMission.de (Konto: KD-Bank Dortmund, IBAN: DE26 3506 0190 2119 6410 15)

OM Deutschland (Operation Mobilisation e.V.), Alte Neckarelzer Str. 2, 74821 Mosbach, Tel.: 06261 947-0, Fax: 06261 947-147, E-Mail: info.de@om.org, Internet: www.om.org (Konto: Evangelische Bank Kassel, IBAN: DE47 5206 0410 0000 5072 45, BIC: GENODEF1EK1)

Orientierung: M e.V., Rodenbergstr. 63, 44287 Dortmund, Tel.: 0231 586949-0, Fax: 0231 586949-59, E-Mail: info@orientierung-m.de, Internet: www.orientierung-m.de (Konto: KD-Bank Dortmund, IBAN DE70350601902115835010)

Pilgermission St. Chrischona – Theologisches Seminar, Chrischonarain 200, CH – 4126 Bettingen/Basel, Tel.: 0041 61 6464270, Fax: 0041 61 6464-277, E-Mail: info@chrischona.ch, Internet:www.chrischona.org
Kontakt Deutschland: Chrischona-Gemeinschaftswerk Deutschland e.V., Gottlieb-Daimler-Str. 22, 35398 Giessen, Tel.: 0641 6059208, Fax: 0641 60592-10, E-Mail: chrischona.giessen@chrischona.org, Internet: www.chrischona.de

SAHEL LIFE e.V. (ehemals VKTM), Weilheimer Str. 39, 73230 Kirchheim/Teck-Nabern, Tel.: 07021 94280, Fax: 07021 94288, E-Mail: mail@sahel-life.de, Internet: www.sahel-life.de (Konto: Postbank Stuttgart, IBAN: DE93 6001 0070 0037 9597 05)

Stiftung Marburger Mission, Dürerstr. 30 a, 35039 Marburg, Tel.: 06421 9123-0, Fax: 06421 9123-30, E-Mail: mm@marburger-mission.org, Internet: www.marburger-mission.org (Konto: Evangelische Bank eG, Kassel, IBAN: DE50 5206 0410 0000 2021 26, BIC: GENODEF1EK1)

VM-International (1954 gegründet als Velberter Mission), Missionsleiter Thomas Halstenberg, Kollwitz-Str. 8, 42549 Velbert, Tel.: 02051 951717, Fax: 02051 951716, E-Mail: info@vm-int.de, Internet: www.vm-international.de

Verband Ev. Missionskonferenzen (VEMK), Pfarrerin Annette Muhr-Nelson, Leiterin des Amtes für Mission, Ökumene und kirchliche Weltverantwortung, Olpe 35, 44135 Dortmund, Tel.: 0231 5409-72, E-Mail: info@missionsfreunde.de (Konto: Deutsche Bank Siegen, IBAN: DE41 4607 0024 0051 6807 00, BIC: DEUTDEDB460)

Verein für Berliner Stadtmission, Lehrter Str. 68, 10557 Berlin, Tel.: 030 69033-3, Fax: 030 6947785, E-Mail: info@berliner-stadtmission.de, Internet: www.berliner-stadtmission.de (Konto: Bank für Sozialwirtschaft, IBAN DE63 1002 0500 0003 1555 00, BIC BFSWDE33BER)

Vereinigte Missionsfreunde e.V., Kehler Str. 31, 79108 Freiburg i. Br., Tel.: 0761 5559761, Fax: 0761 5109094, E-Mail: vmf.Freiburg@t-online.de, Internet: www.missionsfreunde.de (Konto: Deutsche Bank Siegen, Kto. 516 807, BLZ 460 700 24)

Verein zur Förderung der Stiftung Federico Fliedner e.V. in Madrid, Kastanienallee 40a, 32049 Herford, Tel.: 05221 81197, E-Mail: dr-wolfgang-otto@t-online.de, Internet: www.fliedner-stiftung-madrid.de

Verein zur Unterstützung missionarischer Arbeit in der Ev. Johannesgemeinde Darmstadt e.V., Kahlertstr. 26, 64293 Darmstadt, Tel.: 06151 21753, Fax: 06151 1361831, E-Mail: buero@johannesgemeinde.com, Internet: www.johannesgemeinde.com

WEC-International e.V., Weltweiter Einsatz für Christus, Missionshaus: Hof Häusel 4, 65817 Eppstein/Ts, Tel.: 06198 5859-0, Fax: 06198 5859-159, E-Mail: info@wi-de.de, Internet: www.wec-int.de (Konto: Frankfurter Volksbank, IBAN: DE34 5019 0000 0004 1320 09)

Ev. Missionswerk in Deutschland (EMW)-Dachverband ev. Kirchen, Verbände und Missionen in Deutschland, Normannenweg 17–21, 20537 Hamburg, Tel.: 040 25456-0, Fax: 040 2542987, E-Mail info@emw-d.de, Internet: www.emw-d.de

Mitglieder:

1. Arbeitsgemeinschaft Mennonitischer Gemeinden in Deutschland (AMG), Mennonitisches Hilfswerk e.V., *Ansprechpartner für Missionsangelegenheiten:* Edwin Boschmann, Blumentorstr. 12, 76227 Karlsruhe, Tel.: 0721 42831, E-Mail: edwinboschmann@mgkt.de, Internet: www.mission-mennoniten.de
2. Arbeitsgemeinschaft Missionarische Dienste (AMD), Caroline-Michaelis-Str. 1, 10115 Berlin, Tel.: 030 65211-1862, Fax: 030 65211-3862, E-Mail: amd@diakonie.de, Internet: www.a-m-d.de
3. Berliner Missionswerk, Georgenkirchstr. 69/70, 10249 Berlin, Tel.: 030 24344-123, Fax: 030 24344-124, E-Mail: bmw@bmw.ekbo.de, Internet: www.berliner-missionswerk.de (Konto: Evangelische Bank, IBAN: DE68 5206 0410 0003 9000 88, BIC: GENODEF1EK1)
4. Bund Evangelisch-Freikirchlicher Gemeinden EBM International, Gottfried-Wilhelm-Lehmann-Str. 4, D-14641 Wustermark, Tel.: 033234 74150, Fax: 033234 74145, E-Mail: info@ebm-international.org, Internet: www.ebm-international.org (Konto: Spar- u. Kreditbank Ev.-Freikirchl. Gemeinden Bad Homburg, IBAN DE69 5009 2100 0000 0468 68, BIC GENODE51BH2)
5. CVJM-Gesamtverband in Deutschland e.V., Im Druseltal 8, 34131 Kassel, Tel.: 0561 3087-0, Fax: 0561 3087-270, E-Mail: info@cvjm.de, Internet: www.cvjm.de (Konto: EKK Kassel, IBAN: DE05 5206 0410 0000 0053 47)
6. Deutsche Bibelgesellschaft, Balinger Str. 31a, 70567 Stuttgart, Tel.: 0711 7181-0, Fax: 0711 7181-126, E-Mail: zentrale@dbg.de, Internet: www.dbg.de (Konto: EB Stuttgart, IBAN: DE53 5206 0410 0000 4153 75)
7. Deutsche Evangelische Missionshilfe (DEMH), Normannenweg 17–21, 20537 Hamburg, Tel.: 040 25456143, Fax: 040 2542987, E-Mail: demh@emw-d.de, Internet: www.emw-d.de
8. Deutsche Gesellschaft für Missionswissenschaft (DGMW), Prof. Dr. Henning Wrogemann (Vors.), Missionsstr. 9 a/b, 42285 Wuppertal, Tel.: 0202 2820186, E-Mail: henning.wrogemann@kiho-wuppertal-bethel.de, Internet: www.dgmw.org
9. Difäm (Deutsches Institut für Ärztliche Mission e.V.), Mohlstr. 26, 72074 Tübingen, Tel.: 07071 7049017, E-Mail: info@difaem.de, Internet: www.difaem.de
10. Evangelisch-altreformierte Kirche in Niedersachsen K.d.ö.R., Pastor Hermann Teunis (Synodesekretär), Bathorner Diek 3, 49846 Hoogstede, Tel.: 05944 1581, E-Mail: synode@altreformiert.de, Internet: www.altreformiert.de
11. Evangelisch-lutherisches Missionswerk in Niedersachsen, Georg-Haccius-Str. 9, 29320 Hermannsburg, Tel.: 05052 690, Fax: 05052 69222, E-Mail: Zentrale-de@elm-mission.net und direktorat@elm-mission.net, Internet: www.elm-mission.net
12. Evangelisch-Lutherisches Missionswerk Leipzig e.V., Paul-List-Str. 19, 04103 Leipzig, Tel.: 0341 99406-00, Fax: 0341 99406-90, E-Mail: info@LMW-Mission.de, Internet: www.LMW-Mission.de
13. Evangelisch-methodistische Kirche – Weltmission, Pastor Frank Aichele, Holländische Heide 13, 42113 Wuppertal, Tel.: 0202 7670190, Fax: 0202 7670193, E-Mail: weltmission@emk.de, Internet: www.emkweltmission.de (Konto: Evangelische Bank eG, IBAN: DE65 5206 0410 0000 4017 73)

14. Evangelische Brüder-Unität – Herrnhuter Brüdergemeine K.d.ö.R., Badwasen 6, 73087 Bad Boll, Tel.: 07164 9421-0, Fax: 07164 9421-99, E-Mail: brueder-unitaet@bb.ebu.de, Internet: www.herrnhuter-missionshilfe.de *Leitung:* Pfarrer Raimund Hertzsch; Zittauerstr. 20, 02747 Herrnhut, Tel.: 035873 487-0, Fax: 035873 487-99, E-Mail: info@ebu.de, Internet: www.herrnhuter.de
15. Evangelische Kirche in Deutschland (EKD). Herrenhäuser Str. 12, 30419 Hannover, Tel.: 0511 2796-0, Fax: 0511 2796-707, E-Mail: info@ekd.de, Internet: www.ekd.de, Info-Service bei der EKD, Tel.: 0800 5040602
16. Evangelische Mission in Solidarität e.V., Vogelsangstr. 62, 70197 Stuttgart, Tel.: 0711 63678-0, Fax: 0711 63678-45, E-Mail: braunisch@ems-online.org
17. Gossner Mission, Georgenkirchstr. 69/70, 10249 Berlin, Tel.: 030 24344-5750, E-Mail: mail@gossner-mission.de, Internet: www.gossner-mission.de (IBAN: DE35 5206 0410 0003 9014 91, BIC: GENODEF1EK1)
18. MBK – Evangelisches Jugendwerk e.V., Hermann-Löns-Str. 9a, 32105 Bad Salzuflen, Tel.: 05222 9639627, E-Mail: info@mbk-web.de, Internet: www.mbk-web.de (Konto: KD-Bank eG, Kto. 2 108 408 017, BLZ 350 601 90)
19. Mission EineWelt, Centrum für Partnerschaft, Entwicklung und Mission der Evang.-Luth. Kirche in Bayern, Hauptstr. 2, 91564 Neuendettelsau, Tel.: 09874 90, Fax: 09874 93190, E-Mail: info@mission-einewelt.de, Internet: www.mission-einewelt.de (Geschäftskonto: Evangelische Bank, IBAN: DE29 5206 0410 0001 0301 08, BIC: GENODEF 1EK1; Spendenkonto: Evangelische Bank, IBAN: DE12 5206 0410 0001 0111 11, BIC: GENODEF 1EK1)
20. Norddeutsche Mission, Berckstr. 27, 28359 Bremen, Tel.: 0421 4677038, Fax: 0421 4677907, E-Mail: info@norddeutschemission.de, Internet: www.norddeutschemission.de (Konto: SPK Bremen, IBAN: DE45 2905 0101 0001 0727 27, SWIFT-BIC: SBREDE22)
21. Vereinte Evangelische Mission – Gemeinschaft von Kirchen in drei Erdteilen, Rudolfstr. 137, 42285 Wuppertal, Tel.: 0202 89004-0, Fax: 0202 89004-179, E-Mail: info@vemission.org, Internet: www.vemission.org (Konto: KD-Bank eG, IBAN: DE45 3506 0190 0009 0909 08)
22. Zentrum für Mission und Ökumene – Nordkirche weltweit, Agathe-Lasch-Weg 16, 22605 Hamburg, Tel.: 040 88181-0, Fax: 040 88181-210, E-Mail: info@nordkirche-weltweit.de, Internet: www.nordkirche-weltweit.de (Konto: Evangelische Bank, IBAN: DE77 520 604 100 000 111 333)

Vereinbarungspartner:

1. Christoffel-Blindenmission Deutschland e.V., Stubenwald-Allee 5, 64625 Bensheim, Tel.: 06251 131-131, Fax: 06251 131-199, E-Mail: info@cbm.de, Internet: www.cbm.de
2. Deutsche Arbeitsgemeinschaft für Ev. Gehörlosenseelsorge (DAFEG) e.V., Ständeplatz 18, 34117 Kassel, Tel.: 0561 73940-51, Fax: 0561 73940-52, E-Mail: info@dafeg.de, Internet: www.dafeg.de
3. Christlicher Hilfsbund im Orient e.V., Friedberger Str. 101, 61350 Bad Homburg, Tel.: 06172 898061, Fax: 06172 8987056, E-Mail: hilfsbund@t-online.de, Internet: www.hilfsbund.de
4. Deutsche Seemannsmission e.V., Ökumenisches Forum HafenCity, Sekretariat und Verwaltung, Shanghaiallee 12, 20457 Hamburg, Tel.: 040 369002-761, E-Mail: headoffice@seemannsmission.org, Internet: www.seemannsmission.org

5. Hildesheimer Blindenmission e.V., Helmerstr. 6, 31134 Hildesheim, Tel.: 05121 9188611, Fax: 05121 9188610, E-Mail: info@h-bm.de, Internet: www.h-bm.de
6. Lutherische Kirchenmission (Bleckmarer Mission) e.V., Teichkamp 4, 29303 Bergen, Tel.: 05051 986911, Fax: 05051 986945, E-Mail: lkm@selk.de, Internet: www.mission-bleckmar.de

6. Erziehung, Bildung, Studium, Wissenschaft

akademie am see. Koppelsberg, Koppelsberg 7, 24306 Plön, Tel.: 04522 7415-0, Fax: 04522 741518, E-Mail: kontakt@akademie-am-see.net, Internet: www.akademie-am-see.net

Arbeitsgemeinschaft Evangelischer Schulbünde e.V. *Gst.:* c/o Kirchenamt der EKD, Herrenhäuser Str. 12, D - 30419 Hannover, Tel.: 0511 2796-240 (Mo.–Do.), Fax: 0511 2796-99240 oder -277, E-Mail: Angela.Hennig@ekd.de, *Vorst.:* Georg Michael Schopp, c/o ESS Bayern, Gleißbühlstr. 7, 90402 Nürnberg, Tel.: 0911 24411-10, Fax: 0911 24411-18, E-Mail: gm.schopp@loehe-schule.de

v. Bodelschwinghsche Stiftungen Bethel, Stiftung Sarepta – Nazareth, Bildung & Beratung Bethel, Nazarethweg 7, 33617 Bielefeld, Tel.: 0521 144-4961, Fax: 0521 144-6109, E-Mail: Bildung-Beratung@bethel.de, Internet: www.bildung-beratung-bethel.de

Bundesarbeitsgemeinschaft Ev. Jugendsozialarbeit (EJSA), Wagenburgstr. 26–28, 70184 Stuttgart, Tel.: 0711 16489-0, Fax: 0711 16489-21, E-Mail: wuerfel@bagejsa.de, Internet: www.bagejsa.de

Burg Fürsteneck – Akademie für berufliche und musisch-kulturelle Weiterbildung, Am Schlossgarten 3, 36132 Eiterfeld, Tel.: 06672 9202-0, Fax: 06672 9202-30, E-Mail: bildung@burg-fuersteneck.de, Internet: www.burg-fuersteneck.de

Comenius-Institut, Evangelische Arbeitsstätte für Erziehungswissenschaft e.V., Schreiberstr. 12, 48149 Münster, Tel.: 0251 98101-0, Fax: 0251 98101-50, E-Mail: info@comenius.de, Internet: www.comenius.de

CVJM-Gesamtverband in Deutschland e.V., Postfach 41 01 54, 34063 Kassel, Im Druseltal 8, 34131 Kassel, Tel.: 0561 3087-0, Fax: 0561 3087-270, E-Mail: info@cvjm.de, Internet: www.cvjm.de (Konto: Evangelische Bank eG, IBAN: DE05 5206 0410 0000 005 347)

Deutsche Evangelische Arbeitsgemeinschaft für Erwachsenenbildung (DEAE) e.V., c/o Comenius-Institut, Schreiberstr. 12, 48149 Münster, Tel.: 0251 98101-43, E-Mail: info@deae.de, Internet: www.deae.de

Deutsche Gesellschaft für Missionswissenschaft (DGMW), Prof. Dr. Henning Wrogemann *(Vors.)*, Missionsstr. 9 a/b, 42285 Wuppertal, Tel.: 0202 2820186, E-Mail: henning.wrogemann@kiho-wuppertal-bethel.de, Internet: www.dgmw.org

Deutsche Gesellschaft für Pastoralpsychologie e.V. (DGfP), Huckarder Str. 10–12, Union Gewerbehof, 44147 Dortmund, Tel.: 0231 145969, Fax: 0231 5860359, E-Mail: kontakt@pastoralpsychologie.de, Internet: www.pastoralpsychologie.de

Deutscher Evangelischer Kirchentag, Magdeburger Str. 59, 36037 Fulda, Tel.: 0661 96950-0, Fax: 0661 96950-90, E-Mail: fulda@kirchentag.de, Internet: www.kirchentag.de

Ev. Akademie im Saarland, Ludweiler Str. 60, 66333 Völklingen, Tel.: 06898 169622, Fax: 169632, E-Mail: buero@eva-a.de, Internet: www.eva-a.de

Evangelische Akademie Siebenbürgen (EAS) – Academia Evanghelica Transilvania (AET), Livezii 55, RO – 550042 Sibiu (Hermannstadt) Rumänien, Tel./Fax: 0040 (0)269 219914, Fax: 0040 (0)269 228730, E-Mail: eas@neppendorf.de, Internet: www.eas.neppendorf.de

Evangelische Arbeitsstelle Fernstudium im Comenius Institut, *Leitung*: Dr. Gertrud Wolf, Schreiberstr. 12, 48149 Münster, Tel.: 0251 9810198, Mobil: 0170 6969000, E-Mail: info@fernstudium-ekd.de, Internet: www.fernstudium-ekd.de

Ev. Heimvolkshochschule Alterode, Einestr. 13, 06543 Alterode, Tel.: 034742 9503-0, Fax: 034742 9503-11, E-Mail: info@heimvolkshochschule-alterode.de, Internet: www.heimvolkshochschule-alterode.de

Evangelische Heimvolkshochschule Loccum e.V., Hormannshausen 6–8, 31547 Rehburg-Loccum, Tel.: 05766 9609-0, Fax: 05766 9609-44, E-Mail: info@hvhs-loccum.de, Internet: www.hvhs-loccum.de

Ev. Heimvolkshochschule Rastede, Mühlenstr. 126, 26180 Rastede, Tel.: 04402 9284-0, Fax: 04402 9284-40, E-Mail: info@hvhs.de, Internet: www.hvhs.de

Ev. Missionsschule Unterweissach, Seminar für Theologie, Jugend- u. Gemeindepädagogik der Bahnauer Bruderschaft GmbH, staatlich und kirchlich anerkanntes Berufskolleg und Fachschule, Im Wiesental 1, 71554 Weissach im Tal, Tel.: 07191 3534-0, Fax: 07191 3534-11, E-Mail: buero@missionsschule.de, Internet: www.missionsschule.de (Konto: Evangelische Bank eG, IBAN: DE77 5206 0410 0000 4165 92, BIC: GENODEF1EK1)

Evangelische Schulstiftung in der EKD (ESS EKD), Herrenhäuser Str. 12, 30419 Hannover, Tel.: 0511 2796-355, E-Mail: ess@ekd.de, Internet: www.evangelische-schulstiftung.de

Evangelische Sozialakademie Friedewald, Schlossstr. 2, 57520 Friedewald, Tel.: 02743 9236-0, Fax: 02743 9236-11, E-Mail: info@ssp-friedewald.de, Internet: www.ev-sozialakademie.de

Ev. Zentralstelle für Weltanschauungsfragen (EZW), *Theologische Leitung:* PD Dr. theol. Martin Fritz; *Administrative Leitung:* Dr. phil. Jeannine Kunert, Auguststr. 80, 10117 Berlin, Tel.: 030 28395-211, Fax: 030 28395-212, E-Mail: info@ezw-berlin.de, Internet: www.ezw-berlin.de

Evang. Bildungs- und Tagungszentrum Bad Alexandersbad, Markgrafenstr. 34, 95680 Bad Alexandersbad, Tel.: 09232 9939-0, Fax: 09232 9939-99, E-Mail: info@ebz-alexandersbad.de, Internet: www.ebz-alexandersbad.de

Evangelisches Bildungszentrum Bad Bederkesa, Alter Postweg 2, 27624 Geestland, Tel.: 04745 9495-0, Fax: 04745 9495-96, E-Mail: info@ev-bildungszentrum.de, Internet: www.ev-bildungszentrum.de

Evangelisches Bildungszentrum Hermannsburg – Heimvolkshochschule gGmbH, Lutterweg 16, 29320 Hermannsburg, Tel.: 05052 9899-0, Fax: 05052 9899-55, E-Mail: info@bildung-voller-leben.de, Internet: www.bildung-voller-leben.de

Evangelisches Bildungszentrum Hesselberg, Hesselbergstr. 26, 91726 Gerolfingen, Tel.: 09854 10-0, Fax: 09854 10-50, E-Mail: info@ebz-hesselberg.de, Internet: www.ebz-hesselberg.de

Evangelisches Bildungs- und Tagungszentrum Pappenheim, Stadtparkstr. 8–17, 91788 Pappenheim, Tel.: 09143 6040, Fax: 09143 604-50, E-Mail: info@ebz-pappenheim.de, Internet: www.ebz-pappenheim.de

Ev. Bauernwerk in Württemberg e.V. und Ländliche Heimvolkshochschule, Hohebuch 16, 74638 Waldenburg-Hohebuch, Tel.: 07942 107-70 (Bauernwerk); Tel.: 07942 107-0 (HVHS), Fax: 07942 107-77 (Bauernwerk), Tel.: 07942 107-20 (HVHS); E-Mail: info@hohebuch.de, Internet: www.hohebuch.de

Ev. Bund-Konfessionskundliches Institut Bensheim, *Gf.:* Ksenija Auksutat, Ernst-Ludwig-Str. 7, 64625 Bensheim, Postfach 12 55, 64602 Bensheim, Tel.: 06251 8433-12, Fax: 06251 8433-28. E-Mail: info@ki-eb.de, Internet: www.ki-bensheim.de

Evangelisches Institut für Kirchenrecht an der Universität Potsdam, Kustos und Geschäftsführer Dr. Rainer Rausch, August-Bebel-Str. 89, 14482 Potsdam, Tel.: 0173 6262488, E-Mail: Rainer.Rausch@uni-potsdam.de, Internet: https://www.uni-potsdam.de/u/eikr/

Ev. Studienwerk e.V. Villigst, Iserlohner Str. 25, 58239 Schwerte, Tel.: 02304 755-196, Fax: 02304 755-250, E-Mail: info@evstudienwerk.de, Internet: www.evstudienwerk.de (Konto: KD Bank, IBAN: DE74 3506 0190 2112 5700 15)

Evangelisches Zentralarchiv in Berlin (im Kirchlichen Archivzentrum), Bethaniendamm 29, 10997 Berlin, Tel.: 030 22504520, E-Mail: archiv@ezab.de, Internet: www.ezab.de

Forschungsstätte der Ev. Studiengemeinschaft e.V. (FEST), Schmeilweg 5, 69118 Heidelberg, Tel.: 06221 9122-0, Fax: 06221 167257, E-Mail: info@fest-heidelberg.de, Internet: www.fest-heidelberg.de

Kammer der EKD für Bildung u. Erziehung, Kinder u. Jugend, Herrenhäuser Str. 12, 30419 Hannover, Tel.: 0511 2796-241, Fax: 0511 2796-277, E-Mail: matthias.otte@ekd.de

Kirchenrechtliches Institut der EKD, Goßlerstr. 11, 37073 Göttingen, Tel.: 0551 3910602, Fax: 0551 3910607, E-Mail: info@kirchenrechtliches-institut.de, Internet: www.kirchenrechtliches-institut.de

Ländliche Heimvolkshochschule Hohebuch, Hohebuch 16, 74638 Waldenburg, Tel.: 07942 107-0, Fax: 07942 107-20, E-Mail: info@hohebuch.de, Internet: www.hohebuch.de

Ländliche Heimvolkshochschule Neckarelz, Martin-Luther-Str. 14, 74821 Mosbach, Tel.: 06261 6735400, Fax: 06261 6735410, E-Mail: info@bildungshaus-neckarelz.de, Internet: www.bildungshaus-neckarelz.de

Ländliche Heimvolkshochschule Thüringen e.V., Kloster Donndorf 6, 06571 Roßleben-Wiehe, Tel.: 034672 851-0, Fax: 034672 851-20, E-Mail: lhvhs@klosterdonndorf.de, Internet: www.klosterdonndorf.de

Luther-Akademie Sondershausen-Ratzeburg e.V., Domhof 18 (Dormitorium), 23909 Ratzeburg, Geschäftsstelle Dr. Rainer Rausch, Mendelssohnstr. 4, 06844 Dessau, Tel.: 0800 3 340340, E-Mail: info@luther-akademie.de, Internet: www.luther-akademie.de

Luther-Gesellschaft e.V., Collegienstr. 62, 06886 Lutherstadt Wittenberg, Tel.: 03491 466-233, E-Mail: info@luther-gesellschaft.de, Internet: www.Luther-Gesellschaft.de

Malche e.V. – Theologisch-Pädagogisches Seminar, Portastr. 8, 32457 Porta Westfalica, Tel.: 0571 6453-0, Fax: 0571 6453-119, E-Mail: info@malche.de, Internet: www.malche.de (Konto: Spk. Bad Oeynhausen – Porta Westfalica IBAN: DE61 4905 1285 0049 0016 05, BIC: WELADED1OEH)

Sozialwissenschaftliches Institut (SI) der EKD, Arnswaldtstr. 6, 30159 Hannover, Tel.: 0511 554741-0, Fax: 0511 554741-44, E-Mail: info@si-ekd.de, Internet: www.si-ekd.de

Verband kirchlicher Archive in der Arbeitsgemeinschaft der Archive und Bibliotheken in der evangelischen Kirche, *Vors.:* Dr. Bettina Wischhöfer, Lessingstr. 15 a, 34119 Kassel, Tel.: 0561 78876-0, Fax: 0561 78876-11, E-Mail: info@evangelische-archive.de, Internet: www.ekd.de/archive/deutsch

Wissenschaftliche Gesellschaft für Theologie e.V., Haus der Diakonie, Paulsenstr. 55–56, 12163 Berlin, Tel.: 030 82097-223, Fax: 030 82097-105, E-Mail: geschaeftsstelle@wgth.de, Internet: www.wgth.de

Evangelische Akademien in Deutschland

Evangelische Akademien in Deutschland e.V. (EAD), Auguststr. 80, 10117 Berlin, Tel.: 030 28395-403, E-Mail: office@evangelische-akademien.de, Internet: www.evangelische-akademien.de

Evangelische Landjugendakademie Altenkirchen, Dieperzbergweg 13–17, 57610 Altenkirchen/Westerwald, Tel.: 02681 9516-0, Fax: 02681 9516-90, E-Mail: info@lja.de, Internet: www.lja.de

Evangelische Akademie Bad Boll, Akademieweg 11, 73087 Bad Boll, Tel.: 07164 79-0, Fax: 07164 79-440, E-Mail: info@ev-akademie-boll.de, Internet: www.ev-akademie-boll.de

Evangelische Akademie Baden, Blumenstr. 1, 76133 Karlsruhe, Tel.: 0721 9175-363, Fax: 0721 917525-363, E-Mail: akademie@ekiba.de, Internet: www.ev-akademie-baden.de

Evangelische Akademie zu Berlin, Charlottenstr. 53/54, 10117 Berlin, Tel.: 030 203 55-0, Fax: 030 203 55-550, E-Mail: eazb@eaberlin.de, Internet: www.eaberlin.de

Evangelische Akademie Abt Jerusalem Braunschweig, Alter Zeughof 1, 38100 Braunschweig, Tel.: 0531 12054-0, Fax: 0531 12054-50, E-Mail: sekretariat.thz@lk-bs.de, Internet: www.abt-jerusalem-akademie.de

Evangelische Akademie Frankfurt, Römerberg 9, 60311 Frankfurt a.M., Tel.: 069 1741526-13, Fax: 069 1741526-20, E-Mail: office@evangelische-akademie, Internet: www.evangelische-akademie.de

Evangelische Akademie Hofgeismar, Gesundbrunnen 11, 34369 Hofgeismar, Tel.: 05671 881-0, Fax: 05671 881-154, E-Mail: ev.akademie.hofgeismar@ekkw.de, Internet: www.akademie-hofgeismar.de

Evangelische Akademie Loccum, Münchehäger Str. 6, 31547 Rehburg-Loccum, Tel.: 05766 81-0, Fax: 05766 81-900, E-Mail: eal@evlka.de, Internet: www.loccum.de

Evangelische Akademie Meißen, St. Afra Klosterhof, Freiheit 16, 01662 Meißen, Tel.: 03521 4706-0, Fax: 03521 4706-99, E-Mail: klosterhof@ev-akademie-meissen.de, Internet: www.ev-akademie-meissen.de

Evangelische Akademie der Nordkirche, Internet: www.akademie-nordkirche.de

- *Gfst. Hamburg:* Königstr. 52, 22767 Hamburg, Tel.: 040 30620-1452, Fax: 040 30620-1453, E-Mail: hamburg@akademie.nordkirche.de
- *Gfst. Rostock:* Am Ziegenmarkt 4, 18055 Rostock, Tel.: 0381 25224-30, Fax: 0381 25224-59, E-Mail: rostock@akademie.nordkirche.de

Akademie der Ev.-Luth. Kirche in Oldenburg, Gottorpstr. 13, 26122 Oldenburg, Tel.: 0441 7701-431, Fax: 0441 7701-419, E-Mail: akademie@kirche-oldenburg.de, Internet: www.akademie-oldenburg.de

Evangelische Akademie der Pfalz, Luitpoldstr. 10, 76829 Landau i.d. Pfalz, Tel.: 06341 96890-30, Fax: 06341 96890-33, E-Mail: info@eapfalz.de, Internet: www.eapfalz.de

Evangelische Akademie im Rheinland, Friedrich-Breuer-Str. 86, 53225 Bonn, Tel.: 0228 479898-50, Fax: 0228 479898-59, E-Mail: info@akademie.ekir.de, Internet: www.ev-akademie-rheinland.de, https://twitter.com/EvAkaRhein, https://www.facebook.com/ev.akademie.rheinland/, https://www.youtube.com/c/eair-diskurse

Evangelische Akademie Sachsen-Anhalt e.V., Schlossplatz 1d, 06886 Lutherstadt Wittenberg, Tel.: 03491 4988-0, Fax: 03491 400706, E-Mail: info@ev-akademie-wittenberg.de, Internet: www.ev-akademie-wittenberg.de

Evangelische Akademie Thüringen, Zinzendorfplatz 3, 99192 Neudietendorf, Tel.: 036202 984-0, Fax: 036202 984-22, E-Mail: info@ev-akademie-thueringen.de, Internet: www.ev-akademie-thueringen.de

Evangelische Akademie Tutzing, Schlossstr. 2 + 4, 82327 Tutzing, Tel.: 08158 251-0, Fax: 08158 251-137, E-Mail: info@ev-akademie-tutzing.de, Internet: www.ev-akademie-tutzing.de

Evangelische Akademie Villigst, Iserlohner Str. 25, 58239 Schwerte, Tel.: 02304 755-325, Fax: 02304 755-369, E-Mail: akademie@kircheundgesellschaft.de, Internet: www.kircheundgesellschaft.de

7. Konvente, Bruderschaften, Zusammenschlüsse

Ahldener Bruderschaft, Geistliches Rüstzentrum Krelingen der Ahldener Bruderschaft e.V., Krelingen 37, 29664 Walsrode, Tel.: 05167 970-0, Fax: 05167 970-160, E-Mail: grz@grz-krelingen.de, Internet: www.grz-krelingen.de
Leitung: Pastor i.R. Burghard Affeld, Preußenweg 25, 49076 Osnabrück, Tel.: 0541 80029990, E-Mail: broaffeld@osnanet.de

Bekenntnisbewegung „Kein anderes Evangelium“, *Geschäftsstelle:* Mehlbaumstr. 148, 72458 Albstadt, Tel. u. Fax: 07431 74485, E-Mail: w.rominger@t-online.de, Internet: www.keinanderesevangelium.de
Vors.: Pfarrer Johannes Frey, Gartenstr. 62, 74343 Sachsenheim, Tel.: 07147 7083233, E-Mail: vorsitz@bekenntnisbewegung.de

Berneuchener Dienst e.V., Karlstr. 13, 72459 Albstadt, Tel.: 07432 2009540, E-Mail: Berneucher-Dienst@gmx.de, Internet: www.berneuchenerdienst.de

Deutsche Evangelische Allianz e.V., Esplanade 5-10a, 07422 Bad Blankenburg, Tel.: 036741 2424, Fax: 036741 3212, E-Mail: info@ead.de, Internet: www.ead.de, www.allianzhaus.de (Konto: Evangelische Bank eG, IBAN: DE87 5206 0410 0000 4168 00, BIC: GENODEF1EK1)

Ev. Gnadauer Gemeinschaftsverband e.V., Leuschnerstr. 72 a, 34134 Kassel, Tel.: 0561 20799-0, Fax: 0561 20799-29, E-Mail: info@gnadauer.de, Internet: www.gnadauer.de

Ev. Konvent Kloster St. Marienberg, Klosterstr. 14, 38350 Helmstedt, Tel.: 05351 6769, Fax: 05351 6781, E-Mail: klostermarienberg@gmx.de, Internet: www.kloster-marienberg.de

Ev. Michaelsbruderschaft, Mörikestr. 18, 35039 Marburg, Tel.: 06421 992403, E-Mail: Sekretariat@michaelsbruderschaft.de, Internet: www.michaelsbruderschaft.de

Internationale Konferenz Bekennender Gemeinschaften (IKBG/ICN), *Präs.:* Pastor Ulrich Rüß; *Sekretariat:* Postfach 1203, 17162 Teterow, Tel.: 01522 6755531, Fax: 039933 739-859, E-Mail: sekretariat@ikbg.net

Konferenz Bekennender Gemeinschaften in der EKD (KBG), *Vors.:* Pastor Ulrich Rüß, Saturnweg 39, 22391 Hamburg, Tel.: 040 478703, Fax: 040 46856462, E-Mail: UlrichRuess@gmx.de

Konvent Ev. Theologinnen in der Bundesrepublik Deutschland e.V.,
Vors.: Pastorin Margit Baumgarten, Große Gröpelgrube 41, 23552 Lübeck, E-Mail: Baumgarten@theologinnenkonvent.de

Luth. Arbeitsgemeinschaft
Gf.: Oberprediger Dr. Wieland Kastning, Kirchweg 1, 31675 Bückeburg, Tel.: 05722 2852125, E-Mail: kastning@kirche-bueckeburg.de
Vors.: Prof. em. Dr. Johannes von Lüpke, Jean-Leppien-Str. 22, 21339 Lüneburg, Tel.: 04131 6994444, E-Mail: johannes.vonluepke@kiho-wuppertal-bethel.de

Lutherisches Einigungswerk, Enge Gasse 26, 09599 Freiberg, Tel.: 03731 23545, E-Mail: Rundbrief@einigungswerk.org, Internet: www.einigungswerk.org (Konto: Bank für Kirche und Diakonie, Kto. 16 20960 019, BLZ 350 601 90)

Pfarrerinnen u. Pfarrer-Gebetsbund (PGB), *Vors.:* Pfr. Dr. Johannes Reinmüller, Glockenweg 20, 58553 Halver, Tel.: 02351 665730, Fax: 02351 665732, E-Mail: buero@pgb.de, Internet: www.pgb.de

Pfarrfrauenbund e.V., *Vors.:* Renate Karnstein, In der Au 10, 51597 Morsbach, Tel.: 02294-8787, E-Mail: renate.karnstein@ekhm.de, Internet: www.pfarrfrauenbund.de

Verband evang. Pfarrerinnen und Pfarrer in Deutschland e.V., *Gfst.:* Heinrich-Wimmer-Str. 4, 34131 Kassel, Tel.: 0561 9307-182, E-Mail: geschaeftsstelle@pfarrerverband.de, Internet: www.pfarrerverband.de *Vors.:* Andreas Kahnt, Am Hamjebusch 66, 26655 Westerstede, Tel.: 04488 5203026, E-Mail: vorsitz@pfarrerverband.de

8. Liturgie und Kirchenmusik

Chorverband in der Ev. Kirche in Deutschland e.V. (CEK), *Präs.:* KMD Christian Finke, Hindenburgdamm 101 B, 12203 Berlin, Tel.: 030 84318972, Fax: 030 79703889, E-Mail: c.finke@berlin.de, Internet: www.choere-evangelisch.de

Direktorenkonferenz Kirchenmusik in der Evang. Kirche in Deutschland, *Präs.:* Landeskirchenmusikdirektor Kord Michaelis, Blumenstr. 1–7, 76133 Karlsruhe, Tel.: 0721 9175-313, E-Mail: direktorenkonferenz@t-online.de

Ev. Posaunendienst in Deutschland e.V. (EPiD e.V.), Pfr. Rolf Bareis *(Leitender Obmann)*, Cansteinstr. 1, 33647 Bielefeld, Tel.: 0521 3293245, Fax: 0521 3293246, Mobil: 0163 8269614, E-Mail: bareis@epid.de, Internet: www.epid.de

Kloster St. Marienberg, Paramentenwerkstatt der von Veltheim-Stiftung mit Textilrestaurierung, Domina Mechtild von Veltheim, Klosterstr. 14, 38350 Helmstedt, Tel.: 05351 7585, Fax: 05351 599292, E-Mail: paramentenwerkstatt-helmstedt@parament.de, Internet: www.parament.de

Liturgische Konferenz, Herrenhäuser Str. 12, 30419 Hannover, Tel.: 0511 2796-214, Fax: 0511 2796-722, E-Mail:lk@ekd.de, Internet: www.liturgische-konferenz.de

Marienberger Vereinigung für Paramentik e.V., E-Mail: info@marienberger-vereinigung.de, Internet: www.marienberger-vereinigung.de
Paramentenwerkstätten in kirchlicher Trägerschaft:

- Diakonie KdöR Paramentik, Rosalia Penzko, Wilhelm-Löhe-Str. 14, 91564 Neuendettelsau, Tel.: 09874 82275, Fax: 09874 82276, E-Mail: paramentik@diakoneo.de, Internet: www.paramentenwerkstatt.de
- Paramenten- und Textilwerkstatt Stift Bethlehem, Christina Ritter, Bahnhofstr. 20, 19288 Ludwigslust, Tel.: 03874 433239, Fax: 03874 433404, E-Mail: paramentik@stift-bethlehem.de
- Ratzeburger Paramentenwerkstatt der Evangelischen Stiftung Alsterdorf, Kathrin Niemeyer, Domhof 18, 23909 Ratzeburg, Tel.: 04541 4194, E-Mail: paramentenwerkstatt@alsterdorf.de, Internet: www.ratzeburger-paramenten-werkstatt.de
- Textilwerkstatt am Elisabethenstift gGmbH, Paramente-Textilkunst, Marie-Luise Frey-Jansen, Prinz-Christian-Weg 11, 64287 Darmstadt, Tel.: 06151 1596864, Fax: 06151 1596865, E-Mail: info@textil-kunst-kirche.de, Internet: www.textil-kunst-kirche.de

Paramentenwerkstätten in privater Trägerschaft:

- Atelier für Paramentik, Paul Gerhardt Stift zu Berlin, Christina Utsch, Müllerstr. 56–58, 13349 Berlin, Tel.: 030 57701557, E-Mail: atelier.paramentik@googlemail.com
- Bröckers-Beling-Design, Petra Bröckers-Beling, Wilstedter Str. 10, 24558 Henstedt-Ulzburg, Tel.: 04193 7522939, E-Mail: paramente@broeckers-beling-design.com
- Kaiserswerther Paramente, Kerstin Fröse + Valeska Stengert GbR, Alte Landstr. 179, 40489 Düsseldorf, Tel.: 0211 4093779, E-Mail: info@kaiserswerther-paramente.de
- Knotenpunkt Werkstatt für Textiles, Elke Gassen, Hofgut Hagenbach 1, 71522 Backnang, Tel./Fax: 07191 902450, E-Mail: knoten-punkt@t-online.de
- Textil im Raum, Sabine Bretschneider, Harnackstr. 2, 39104 Magdeburg, Tel.: 0391 5437579, Fax: 0391 5448935, E-Mail: info@textil-im-raum.de
- Textilkunst im Kirchenraum, Paramentenwerkstatt – Handweberei – Handstickerei, Christiane Möller, Karlsplatz 27–31, 99817 Eisenach, Tel./Fax: 03691 260267, E-Mail: paramentik@textilkunst-eisenach.de
- Textil-Werkstatt, Gudrun Willenbockel, Pfeifferstr. 10, 39114 Magdeburg, Tel.: 0391 8505260, E-Mail: textil.willenbockel@gmx.de, Internet: www.textil-werkstatt.de
- Werkstatt für Paramente und Textilkunst, Annett Hildebrand, Lauensteiner Str. 13a, 01277 Dresden, Tel.: 0351 3148820, E-Mail: paramente-dresden@gmx.de
- Werkstatt für Paramentik und Textilkunst, Angelika A. Beckmann, Brüder-Grimm-Str. 67, 36100 Petersberg, Tel.: 0661 66172, E-Mail: info@angelika-beckmann.de
- Zink.Gensichen. GbR Gestaltung, Agnes Gensichen, Wachsmuthstr. 3, 04229 Leipzig, Tel.: 0341 4926890, E-Mail: kontakt@zink-gensichen.de

Verband ev. Kirchenmusikerinnen u. Kirchenmusiker in Deutschland, KMD Christoph Bogon, Wehrer Str. 5, 79650 Schopfheim, Tel.: 07622 6848798, E-Mail: bogon@ekima.info, Internet: www.kirchenmusik-vem.de

9. Bibel, Buchwesen, Publizistik und Medien

„Aktion: In jedes Haus" (AJH), Telegrafenstr. 25, 42477 Radevormwald, Tel.: 02195 9156-0, Fax: 02195 9156-19, E-Mail: ajh@ajh-info.de, Internet: www.ajh-info.de, www.entdecke-neues.de, feiertage-ausstellung.de (Spenden: KD-Bank Dortmund, IBAN: DE 76 3506 0190 1011 4140 16, BIC: GENODED1DKD)

Arbeitsgemeinschaft der ev. Medienzentralen, *Vors.:* Klaus Ploth, Hummelsteiner Weg 100, 90459 Nürnberg, Tel.: 0911 4304215, Fax: 0911 4304214, E-Mail: ploth@evangelische-medienzentralen.de, Internet: www.evangelische-medienzentralen.de

Christliche Medieninitiative pro e.V., Charlotte-Bamberg-Str. 2, 35578 Wetzlar, Tel.: 06441 5667700, Fax: 06441 5667733, E-Mail: info@medieninitative.pro Internet: www.medieninitiative.de

Christliches Medienmagazin pro, Charlotte-Bamberg-Str. 2, 35578 Wetzlar, Tel.: 06441 5667700, Fax: 06441 5667733, E-Mail: info@pro-medienmagazin.de, Internet: www.pro-medienmagazin.de

Deutsche Bibelgesellschaft. Balinger Str. 31 A, 70567 Stuttgart, Tel.: 0800 2423546, Fax: 0711 7181-126, E-Mail: zentrale@dbg.de, Internet: www.die-bibel.de (Konto Weltbibelhilfe: Evangelische Bank eG, Kto. 0 415 073, BLZ 520 604 10)

ERF Medien e.V., Berliner Ring 62, 35576 Wetzlar, Tel.: 06441 957-1414, Fax: 06441 957-51120, E-Mail: info@erf.de, Internet: www.erf.de (Konto: Volksbank Mittelhessen, IBAN: DE49 5139 0000 0071 2387 09, BIC: VBMHDE5F)

Evangelisches Literaturportal e.V., Bürgerstr. 2a, 37073 Göttingen, Tel.: 0551 500759-0, Fax: 0551 500759-19, E-Mail: info@eliport.de, Internet: www.eliport.de

Ev. Pressedienst (epd), Zentralredaktion, Emil-von-Behring-Str. 3, 60439 Frankfurt a.M., Postfach 50 05 50, 60394 Frankfurt a.M., Tel.: 069 58098-0, Fax: 069 58098-272, E-Mail: info@epd.de, Internet: www.epd.de

Fliedner Kulturstiftung Kaiserswerth, *Gf.:* Dr. Norbert Friedrich, Zeppenheimer Weg 20, 40489 Düsseldorf, Tel.: 0211 56673-780, Fax: 0211 56673-771, E-Mail: friedrich@fliedner-kulturstiftung.de, Internet: www.fliedner-kulturstiftung.de

Gemeinschaftswerk der Evangelischen Publizistik gGmbH (GEP). Emil-von-Behring-Str. 3, 60439 Frankfurt am Main, Tel.: 069 58098-0, Fax: 069 58098-100, E-Mail: info@gep.de, Internet: www.gep.de

idea e.V. Evangelische Nachrichtenagentur, Steinbühlstr. 3, 35578 Wetzlar, Postfach 18 20, 35528 Wetzlar, Tel.: 06441 915-0, Fax: 06441 915-118, E-Mail: idea@idea.de, Internet: www.idea.de

Matthias-Film gGmbH, Zimmerstr. 90, 10117 Berlin, Tel.: 030 21005490, Fax: 030 210054929, E-Mail: info@matthias-film.de, Internet: www.matthias-film.de

Medienmission Lutherische Stunde e.V. *Vors.:* Missionar und Pfr. Helmut Poppe, *Gf.:* Dipl.-Bibl. Petra Schmid, An der Bahn 51, 27367 Sottrum, Tel.: 04264 2436, Postfach 11 62, D-27363 Sottrum, E-Mail: info@lutherischestunde.de, Internet: www.lutherischestunde.de (Konto: Rotenburg Osterholz, IBAN: DE84 2415 1235 0026 3333 36, BIC: BRLADE21ROB)

Mitteldeutsches Bibelwerk – Canstein Bibelzentrum, Franckeplatz 1, Haus 24, 06110 Halle (Saale), Tel.: 0345 2902366, E-Mail: bibelwerk@ekmd.de, Internet: www.bibelwerk-ekm.de

Ökumenische Arbeitsgemeinschaft für Bibellesen (ÖAB), Caroline-Michaelis-Str. 1, 10115 Berlin, Tel.: 030 652 11-1862, Fax: 030 652 11-3862, E-Mail: info@oeab.de, Internet: www.oeab.de

Vereinigung Ev. Buchhändler u. Verleger e.V., Waldstr. 24, 33739 Bielefeld, Tel.: 05206 9163667, Fax: 05206 9163855, E-Mail: mail@veb-medien.de, Internet: www.veb-medien.de

10. Evangelische Einkehrstätten (Orte der Stille)

Arbeitsgemeinschaft für Ev. Einkehrtage in der EKD, Pfarrerin Andrea Richter, Beauftragte für Spiritualität in der EKBO, Amt für kirchliche Dienste, Goethestr. 26–30, 10625 Berlin, Tel.: 030 3191-235, E-Mail: a.richter@akd-ekbo.de

Berneuchener Haus Kloster Kirchberg, 72172 Sulz/Neckar, Tel.: 07454 8830, Fax: 07454 883250, E-Mail: empfang@klosterkirchberg.de, Internet: www.klosterkirchberg.de

Communität Casteller Ring e.V., Schwanberg 3+4, 97348 Rödelsee, Tel.: 09323 32350, Fax: 09323 32319, E-Mail: priorat@schwanberg.de, Internet: www.schwanberg.de
Geistliches Zentrum Schwanberg e.V., Schwanberg 1+3, 97348 Rödelsee, Tel.: 09323 32-0, Fax: 09323 32-116, E-Mail: rezeption@schwanberg.de, Internet: www.schwanberg.de

Communität Christusbruderschaft Selbitz, Wildenberg 23, 95152 Selbitz, Tel.: 09280 68-0, Fax: 09280 6868, E-Mail: selbitz@christusbruderschaft.de, Internet: www.christusbruderschaft.de

Ev. Gethsemanekloster. Gut Riechenberg 1, 38644 Goslar-Riechenberg, Tel.: 05321 21712, Fax: 05321 1683, Internet: www.gethsemanekloster.de

Ev. Zentrum Kloster Drübeck, Haus der Stille. Klostergarten 6, 38871 Ilsenburg OT Drübeck (bei Wernigerode/Harz), Tel.: 039452 94329, Fax: 039452 94311, E-Mail: hds@kloster-druebeck.de, Internet: www.kloster-druebeck.de

Geistliches Zentrum Kloster Bursfelde, Klosterhof 5, 34346 Hann.-Münden, OT Bursfelde, Tel.: 05544 1688, Fax: 05544 1758, E-Mail: info@Kloster-Bursfelde.de, Internet: www.Kloster-Bursfelde.de

Haus der Stille – Bethel. Am Zionswald 5, 33617 Bielefeld, Tel.: 0521 144-2520, Fax: 0521 144-5482, E-Mail: HausDerStille@bethel.de, Internet: www.haus-der-stille-bethel.de

Haus der Stille – Grumbach. Am oberen Bach 6, 01723 Grumbach/Sachsen, Tel.: 035204 48612, Fax: 035204 39666, E-Mail: grumbach@hausderstille.de, Internet: www.haus-der-stille.net

Haus der Stille – Rengsdorf. Meditations- u. Einkehrzentrum der Ev. Kirche im Rheinland, Melsbacher Hohl 5, 56579 Rengsdorf, Tel.: 02634 920510, Fax: 02634 920517, E-Mail: anmeldung.hds@ekir.de, Internet: www.haus-der-stille-rengsdorf.de

Haus der Stille – Waldhof-Elgershausen. 35753 Greifenstein, Tel.: 06449 6798, Fax: 06449 6797, E-Mail: info@haus-der-stille.net, Internet: www.haus-der-stille.net

Jesus-Bruderschaft Gnadenthal, Haus der Stille, 65597 Hünfelden, Tel.: 06438 81370, Fax: 06438 81365, E-Mail: haus-der-stille@jesus-bruderschaft.de, Internet: www.kloster-gnadenthal.de

Julius-Schniewind-Haus e.V., Seelsorge- und Tagungsheim in der Ev. Kirche in Mitteldeutschland (EKM), Calbesche Str. 38, 39218 Schönebeck, Tel.: 03928 781-0, Fax: 03928 781-106, E-Mail:info@schniewind-haus.de, Internet: www.schniewind-haus.de

Kloster Germerode – Ev. Bildungs- und Einkehrstätte, Klosterfreiheit 34, 37290 Meißner-Germerode, Tel.: 05654 923888, E-Mail: manfred.gerland@ekkw.de, Internet: www.kloster-germerode.de

Kloster Triefenstein – Christusträger Bruderschaft, Am Klosterberg 2, 97855 Triefenstein, Tel.: 09395 777-110, Fax: 09395 777-113, E-Mail: tr-triefenstein@christustraeger.org, Internet: www.christustraeger-bruderschaft.org

Kloster Wennigsen, Klosteramthof 3, 30974 Wennigsen, Tel.: 05103 453, Fax: 05103 496, E-Mail: info@kloster-wennigsen.de, Internet: www.kloster-wennigsen.de

Kloster Wülfinghausen, Klostergut 7, 31832 Springe, Tel.: 05044 88160, Fax: 05044 881679, E-Mail: info@kloster-wuelfinghausen.de, Internet: www.kloster-wuelfinghausen.de

Kommunität Imshausen. 36179 Bebra, Tel.: 06622 7363, Fax: 06622 1807, E-Mail: kontakt@kommunitaet-imshausen.de, Internet: www.kommunitaet-imshausen.de

Stift Urach – Einkehrhaus der Ev. Landeskirche in Württemberg, Bismarckstr. 12, 72574 Bad Urach, Tel.: 07125 9499-0, Fax: 07125 9499-99, E-Mail: info@stifturach.de, Internet: www.stifturach.de

Weitere Hinweise unter www.ekd.de/Glauben & Leben/Kloster

B) Weitere Kirchen, interkonfessionelle Zusammenschlüsse, ökumenische und internationale Organisationen

1. Katholische Kirche

Deutsche Bischofskonferenz, Kaiserstr. 161, 53113 Bonn, Tel.: 0228 103-0, Fax: 0228 103-299, E-Mail: Sekretariat@dbk.de, Internet: www.dbk.de

Verband der Diözesen Deutschlands, Kaiserstr. 161, 53113 Bonn, Tel.: 0228 103-0, Fax: 0228 103-371, E-Mail: vdd@dbk.de, Internet: www.dbk.de

Deutscher Caritasverband e.V., Karlstr. 40, 79104 Freiburg i. Br., Tel.: 0761 200-0, Fax: 0761 200-572, E-Mail: info@caritas.de, Internet: www.caritas.de

KNA-Katholische Nachrichten-Agentur GmbH, Postfach 1840, 53008 Bonn, Tel.: 0228 26000-0, Fax: 0228 26000-196, Mail: bonn@kna.de, Internet: www.kna.de

Zentralkomitee der deutschen Katholiken, Hochkreuzallee 246, 53175 Bonn, Postfach 24 01 41, 53154 Bonn, Tel.: 0228 38297-0, Fax: 0228 38297-44, E-Mail: info@zdk.de, Internet: www.zdk.de

2. Orthodoxe Kirche

Orthodoxe Bischofskonferenz in Deutschland (OBKD), Splintstr. 6a, 44139 Dortmund, Tel.: 0231 1899795, E-Mail: orthodoxe-kirche@web.de, Internet: www.obkd.de

Orthodoxe Medien e.V., Splintstr. 6a, 44139 Dortmund, Tel.: 0231 1899795, Fax: 0231 1899796, E-Mail: orthodoxe-medien@t-online.de

Ein Gesamtverzeichnis aller orthodoxen Bistümer und Gemeinden ist bei der OBKD oder der Gesellschaft Orthodoxe Medien erhältlich

Mitgliedsbistümer:

1. Griechisch-Orthodoxe Metropolie von Deutschland und Exarchat von Zentraleuropa (KdöR)
2. Exarchat der orthodoxen Gemeinden russischer Tradition in Westeuropa
3. Ukrainische Orthodoxe Eparchie von Westeuropa
4. Griechisch-Orthodoxe Metropolie des Patriarchats von Antiochien für Deutschland und Mitteleuropa
5. Berliner Diözese der Russischen Orthodoxen Kirche des Moskauer Patriarchats (KdöR)
6. Russisch Orthodoxe Diözese des orthodoxen Bischofs von Berlin und Deutschland (Russische Orthodoxe Kirche im Ausland / KdöR)
7. Serbische Orthodoxe Diözese von Frankfurt und ganz Deutschland
8. Rumänische Orthodoxe Metropolie für Deutschland (KdöR), Zentral- und Nordeuropa
9. Bulgarische Diözese von West- und Mitteleuropa
10. Diözese für Deutschland und Österreich der Georgischen Orthodoxen Kirche

Armenisch-Apostolische Orthodoxe Kirche in Deutschland, Allensteiner Str. 5, 50735 Köln, Tel.: 0221 7126223, Fax: 0221 7126267, E-Mail: info@armenische-kirche.de, Internet: www.armenische-kirche.de

Äthiopisch-Orthodoxe Kirche, St. Mikaelskirche, Ückeratherstr. 2, 50739 Köln, Tel. und Fax: 0221 599 2623, E-Mail: aeokd@web.de, www.aethiopisch-orthodoxe-kirche-deutschland.de

Koptisch-Orthodoxe Kirche in Deutschland, Koptisch-Orth. Kloster, Propsteistr. 1a, 37671 Höxter-Brenkhausen, Tel. und Fax: 05271 18905, E-Mail: webmaster@kopten.de, Internet: www.kopten.de

Syrische Orthodoxe Kirche von Antiochien in Deutschland, Kloster Mor Jakob v. Sarug, Klosterstr. 10, 34414 Warburg, Tel.: 05641 740564, Fax: 05641 741868, E-Mail: info@syrisch-orthodox.org, Internet: www.syrisch-orthodox.org

3. Interkonfessionelle Zusammenschlüsse

Arbeitsgemeinschaft Christlicher Kirchen in Deutschland e.V. (ACK) – Ökumenische Centrale Frankfurt, Ludolfusstr. 2–4, 60487 Frankfurt a.M.; Tel.: 069 247027-0, Fax: 069 247027-30, E-Mail: info@ack-oec.de, Internet: www.oekumene-ack.de

Zur Arbeitsgemeinschaft Christlicher Kirchen in Deutschland e.V. gehören:

1. Vors.: Erzpriester Radu Constantin Miron, Brühl (Orthodoxe Bischofskonferenz in Deutschland OBKD).

Stellv. Vors.: Reverend Christopher Easthill (Arbeitsgemeinschaft Anglikanisch-Episkopaler Gemeinden in Deutschland)

Stellv. Vors.: Bischof Harald Rückert (Evangelisch-methodistische Kirchein Deutschland)

Gf.: Dr. Verena Hammes, Deutscher Ökumenischer Studienausschuss (DÖSTA): Prof. Dr. Thomas Söding

Mitglieder:

Äthiopisch-Orthodoxe Kirche in Deutschland, Ückerather Str. 2, 50739 Köln, Tel./Fax: 0221 5992623, E-Mail: aeokd@web.de

Arbeitsgemeinschaft Anglikanisch-Episkopaler Gemeinden in Deutschland, St. George's Anglican Church, Preußenallee 17-19, 14052 Berlin, Tel.: 030 3041280, E-Mail: office@stgeorges.de

Arbeitsgemeinschaft Mennonitischer Gemeinden in Deutschland, *Postadresse*: Eysseneckstr. 54, 60322 Frankfurt, Tel.: 069 590228, E-Mail: vorstand@mennoniten.de, Internet: www.mennoniten.de

Armenisch-Apostolische Orthodoxe Kirche in Deutschland, Allensteiner Str. 5, 50735 Köln, Telefon: 0221 7126223, Fax: 0221 7126267, E-Mail: info@armenische-kirche.de, Internet: www.armenische-kirche.de

Bund Evangelisch-Freikirchlicher Gemeinden in Deutschland K.d.ö.R. (Baptisten), Johann-Gerhard-Oncken-Str. 7, 14641 Wustermark, Tel.: 033234 74-105, Fax: 033234 74-199, E-Mail: BEFG@baptisten.de, Internet: www.baptisten.de

Die Heilsarmee in Deutschland, Territoriales Hauptquartier, Salierring 23–27, 50677 Köln, Telefon: 0221 20819-0, Fax: 0221 20819-899, E-Mail: info@heilsarmee.de, Internet: www.heilsarmee.de

Evangelisch-altreformierte Kirche in Niedersachsen K.d.ö.R., Pastor Hermann Teunis (Synodesekretär), Bathorner Diek 3, 49846 Hoogstede, Tel.: 05944 1581, E-Mail: synode@altreformiert.de

Evangelisch-methodistische Kirche in Deutschland K.d.ö.R., Dielmannstr. 26, 60599 Frankfurt a.M., Tel.: 069 242521-0, Fax: 069 242521-29, E-Mail: kirchenkanzlei@emk.de, Internet: www.emk.de

Evangelische Brüder-Unität Herrnhuter Brüdergemeine, Zittauer Str. 20, 02747 Herrnhut, Postfach 21, 02745 Herrnhut, Tel.: 035873 487-0, Fax: 035873 487-99, E-Mail: info@ebu.de, Internet: www.herrnhuter.de

Evangelische Kirche in Deutschland (EKD), Herrenhäuser Str. 12, 30419 Hannover, Postfach 21 02 20, 30402 Hannover, Tel.: 0511 2796-0, Fax: 0511 2796-707, E-Mail: ekd@ekd.de, Internet: www.ekd.de

Katholisches Bistum der Alt-Katholiken in Deutschland, Gregor-Mendel-Str. 28, 53115 Bonn, Tel.: 0228 232285, Fax: 0228 238314, E-Mail: ordinariat@alt-katholisch.de, Internet: www.alt-katholisch.de

Koptisch-Orthodoxe Kirche in Deutschland, Propsteistr. 1a, 37671 Höxter-Brenkhausen, Tel.: 05271 18905, Fax: 05271 36742, E-Mail: Bischof@Koptisches-Kloster-Hoexter.de, Internet: www.kopten.de

Mülheimer Verband Freikirchlich-Evangelischer Gemeinden (MV) e.V., Habenhauser Dorfstr. 27, 28279 Bremen, Tel.: 0421 8399130, Fax: 0421 8399136, E-Mail: geschaeftsstelle@muelheimer-verband.de, Internet: www.muelheimer-verband.de

Orthodoxe Bischofskonferenz in Deutschland, Splintstr. 6a, 44139 Dortmund, Tel.: 0231 1899795, Fax: 0231 1899796, E-Mail: orthodoxe-kirche@web.de, Internet: www.obkd.de

Römisch-katholische Kirche (Deutsche Bischofskonferenz), Kaiserstr. 161, 53113 Bonn, Tel.: 0228 103-0, Fax: 0228 103-299, E-Mail: Sekretariat@dbk.de, Internet: www.dbk.de

Selbständige Evangelisch-Lutherische Kirche, Schopenhauerstr. 7, 30625 Hannover, Postfach 69 04 07, 30613 Hannover, Telefon: 0511 557808, Fax: 0511 551588, E-Mail: selk@selk.de, Internet: www.selk.de

Syrische Orthodoxe Kirche von Antiochien in Deutschland, Kloster Mor Jakob v. Sarug, Klosterstr. 10, 34414 Warburg, Tel.: 05641 740564, Fax: 05641 741868, E-Mail: info@syrisch-orthodoxe-kirche.de, Internet: www.syrisch-orthodoxe-kirche.de

Gastmitglieder:

Apostelamt Jesu Christi, Madlower Hauptstr. 39, 03050 Cottbus, Tel.: 0355 541227, E-Mail: kha@kirche-apostelamt-jesu-christi.eu, Internet: www.kirche-ajc.de

Apostolische Gemeinschaft e.V., Cantadorstr. 11, 40211 Düsseldorf, Tel.: 0211 350399, Fax: 0211 3613735, E-Mail: info@apostolisch.de, Internet: www.apostolisch.de

Bund Freier evangelischer Gemeinden in Deutschland, Goltenkamp 4, 58452 Witten, Postfach 40 05, 58426 Witten, Tel.: 02302 937-12, Fax: 02302 937-99, E-Mail: bund@feg.de, Internet: www.feg.de

Bund Freikirchlicher Pfingstgemeinden (BFP) in Deutschland, Industriestr. 6–8, 64390 Erzhausen, Tel.: 06150 9737-0, Fax: 06150 9737-97, E-Mail: bfp@bfp.de, Internet: www.bfp.de

Freikirchlicher Bund der Gemeinde Gottes, Torstr. 1, 22525 Hamburg, Tel.: 040 180240012, E-Mail: info@fbgg.de, Internet: www.fbgg.de

Freikirche der Siebenten-Tags-Adventisten in Deutschland – Referat für zwischenkirchliche Beziehungen, Senefelderstr. 15, 73760 Ostfildern-Ruit, Tel.: 0711 44819-14, Fax: 0711 448 19-60, E-Mail: info@adventisten.de, Internet: www.adventisten.de

Ständige Beobachter:

Arbeitsgemeinschaft Ökumenischer Kreise e.V. (AÖK), Alpenstr. 6, 82418 Hofheim/Murnau, Tel.: 08847 6141, Fax: 08847 6075, E-Mail: info@aoek.de, Internet: www.aoek.de

Christinnenrat, c/o EFiD, Berliner Allee 9–11, 30175 Hannover, Tel.: 0511 89768-100, Fax: 0511 89768-199, E-Mail: info@christinnenrat.de, Internet: www.christinnenrat.de

Deutsche Evangelische Allianz e.V., Esplanade 5–10a, 07422 Bad Blankenburg, Tel.: 036741 2424, fax: 036742 3212, E-Mail: info@ead.de, Internet: www.ead.de

Evangelisches Missionswerk in Deutschland e.V. (EMW), Normannenweg 17–21, 20537 Hamburg, Tel.: 040 254560, Fax: 040 2542987, E-Mail: info@emw-d.de, Internet: www.emw-d.de

Religiöse Gesellschaft der Freunde (Quäker), Deutsche Jahresversammlung e.V., Internet: www.quaeker.org
Quäkerbüro: Planckstr. 20, 10117 Berlin, Tel.: 030 2082284, Fax: 030 20458142, E-Mail: berlin@quaeker.org
Quäkerhaus: Bombergallee 9, 31812 Bad Pyrmont, Tel.: 05281 4413, E-Mail: pyrmont@quaeker.org

Weitere Zusammenschlüsse

Gesellschaften für Christlich-Jüdische Zusammenarbeit-Deutscher Koordinierungsrat e.V., Otto-Weiß-Str. 2, 61231 Bad Nauheim, Tel.: 06032 9111-0, Fax: 06032 911125, E-Mail: info@deutscher-koordinierungsrat.de

4. Ökumenische und internationale Organisationen

Ökumenische Organisationen

Aktion Sühnezeichen Friedensdienste e.V., Auguststr. 80, 10117 Berlin, Tel.: 030 28395184, Fax: 030 28395135, E-Mail: asf@asf-ev.de, Internet: www.asf-ev.de (Konto: Bank für Sozialwirtschaft Berlin, IBAN: DE68 1002 0500 0003 1137 00, BIC: BFSWDE33BER)

ICJA Freiwilligenaustausch weltweit e.V., Stralauer Allee 20 E, 10245 Berlin, Tel.: 030 20007160, Fax: 030 20007161, E-Mail: icja@icja.de, Internet: www.icja.de

Ökumenischer Rat der Kirchen (World Council of Churches). 150 route de Ferney, P.O. Box 2100, 1211 Geneva 2, Switzerland, Tel.: 0041 795076363, Fax: 0041 227916704, E-Mail: infowcc@wcc-coe.org, Internet: www.wcc-coe.org

Ökumenisches Studienwerk e.V., Girondelle 80, 44799 Bochum, Tel.: 0234 93882-31, Fax: 0234 9388260, E-Mail: info@studienkolleg-bochum.de

Stiftung Oekumene, Lindenspürstr. 30, 70176 Stuttgart, Tel.: 0711 2265690, E-Mail: ecunet@t-online.de, Internet: www.ecunet.de (Bank: Frankfurter Sparkasse, IBAN: DE94 5005 0201 0000 1000 08)

Internationale Organisationen

Baptistischer Weltbund (Baptist World Alliance), 405 N. Washington St., Falls Church, VA 22046, Tel.: 001 703-790-8980 ext 130, Fax: 703-893-5160, E-Mail: bwa@bwanet.org, Internet: www.bwanet.org

Christlicher Studentenweltbund (World Student Christian Federation) WSCF, Inter-Regional-Office (IRO): Ecumenical Centre 5, route des Morillons, P.O.Box 2100, CH-1211 Geneva 2, Tel.: 0041 227916358, Fax: 0041 227916152. E-Mail: wscf@wscf.ch, Internet: www.wscfglobal.org

Europäischer Verband für Diakonie-Eurodiaconia, Rue Joseph II, 166, B-1000 Bruxelles, Tel.: 0032 2-2343860, Fax: 0032 2-2343865, E-Mail: office@eurodiaconia.org, Internet: www.eurodiaconia.org

Internationaler Versöhnungsbund e.V. – Deutscher Zweig, Schwarzer Weg 8, 32423 Minden, Tel.: 0571 850875, Fax: 0571 8292387, E-Mail: vb@versoehnungsbund.de, Internet: www.versoehnungsbund.de (Konto: Sparkasse Minden-Lübbecke, IBAN DE40 4306 0967 0033 6655 00, BIC GENODEM1GLS)

Konferenz Europäischer Kirchen (KEK), Centre Oecuménique, Rue Joseph II 174, BE - 1000 Bruxelles, Tel.: 0032 22301732, Fax: 0032 22311413, E-Mail: cec@cec-kek.be, Internet: www.ceceurope.org

Lutherischer Weltbund (The Lutheran World Federation), P.O. Box 2100, Route de Ferney 150, CH-1211 Genf 2, Tel.: 0041 22-7916111, Fax: 0041 22-7916630, E-Mail: info@lutheranworld.org, Internet: www.lutheranworld.org

Mennonite World Conference, 50 Kent Avenue, Suite 206, Kitchener, ON, N2G 3R1, Canada, Tel.: (1)519 571 0060, E-Mail: info@mwc-cmm.org, Internet: www.mwc-cmm.org

Welt der Christlichen Vereine Junger Männer (World Alliance of Young Men's Christian Associations), 12, Clos Belmont, CH-1208 Genf, Tel.: 0041 22-8495100, Fax: 0041 22-8495110, E-Mail: office@ymca.int, Internet: www.ymca.int

Weltbund Christlicher Verbände Junger Frauen (World Young Women's Christian Association), Hauptsitz: 16 Ancienne Route, Grand Saconnex, CH-1218 Genf, Tel.: 0041 22-9296040, Fax: 0041 22-9296044, E-Mail: worldoffice@worldywca.org, Internet: www.worldywca.org

Weltgemeinschaft Reformierter Kirchen (World Communion of Reformed Churches) Knochenhauerstr. 42, 30159 Hannover, Tel.: 0511 897383-10, Fax: 0511 897383-11, E-Mail: wcrc@wcrc.eu, Internet: www.wcrc.ch

Weltrat methodistischer Kirchen (World Methodist Council – WMC), P.O. Box 518, 545 North Lakeshore Drive, Lake Junaluska, NC 28745 USA, E-Mail: georgefreeman@mindspring.com, Internet: www.worldmethodistcouncil.org

Weltverband der Bibelgesellschaften (United Bible Societies), UBS World Service Center, Reading Bridge House, 7th Floor, Reading RG1 8PJ, England, Tel.: 0044 118 9500200, Fax: 0044 118 9500857, Internet: www.biblesociety.org

C) Jüdische Gemeinden und Verbände

Ev.-luth. Zentralverein für Begegnung von Christen u. Juden e.V., *Kontakt:* Rudnick@kirchliche-dienste.de, Archivstr. 3, 30169 Hannover, Tel.: 0511 1241-434, Internet: www.zentralverein-christen-juden.de

Jüdische Allgemeine, Johannisstr. 5, 10117 Berlin, Postfach 04 03 69, 10062 Berlin, Tel.: 030 275833-0, Fax: 030 275833-199, E-Mail: redaktion@juedische-allgemeine.de, Internet: www.juedische-allgemeine.de

Leo Baeck Bookshop, Hausvogteiplatz 12, 10117 Berlin, Tel.: 030 499888-70, Fax: 030 499888-77, E-Mail: Books@Leo-Baeck.de, Internet: www.leo-baeck.org

Orthodoxe Rabbinerkonferenz Deutschland, Roonstr. 50, 50674 Köln, Tel.: 0221 92156020, Fax: 0221 92156019, E-Mail: info@ordonline.de, Internet: www.ordonline.de

Zentralrat der Juden in Deutschland K.d.ö.R., Leo-Baeck-Haus, Postfach 04 02 07, 10061 Berlin, Tel.: 030 284456-0, Fax: 030 284456-13, E-Mail: info@zentralratderjuden.de, Internet: www.zentralratderjuden.de

Zentralwohlfahrtsstelle der Juden in Deutschland e.V., Hebelstr. 6, 60318 Frankfurt a.M., Tel.: 069 9443710, Fax: 069 494817, E-Mail: zentrale@zwst.org, Internet: www.zwst.org

D) Islamische Gemeinden und Verbände

Koordinationsrat der Muslime (KRM),
Geschäftsstelle: Venloerstr. 160, 50823 Köln, Tel.: 0221 508000, Fax: 0221 50800100, E-Mail: info@koordinationsrat.de, Internet: www.koordinationsrat.de

Zusammengesetzt aus:

DITIB, Türkisch-Islamische Union der Anstalt für Religion e.V., Venloerstr. 160, 50823 Köln, Tel.: 049 221508000, Fax: 0221 50800100, E-Mail: info@ditib.de, Internet: www.ditib.de

IRD, Islamrat für die BRD, Colonia Allee 3, D-51067 Köln, Tel.: 0221 942240-210, Fax: 0221 942240-201, E-Mail: info@islamrat.de

VIKZ, Verband der Islamischen Kulturzentren e.V., Vogelsanger Straße 290, 50825 Köln, Tel.: 0221 9544100, Fax: 0221 954410-68, E-Mail: info@vikz.de, Internet: www.vikz.de

ZMD, Geschäftsstelle, Zentralrat der Muslime in Deutschland (ZMD), Sachsenring 20, 50677 Köln, Tel.: 0221 1394450, Fax: 0221 1394681, E-Mail: sekretariat@zentralrat.de; Internet: www.zentralrat.de

(Stand: Mai 2020; Angaben ohne Gewähr)

Notizen

Notizen

Notizen

Notizen

Notizen

Notizen

Notizen

Stundenplan

Montag	Dienstag	Mittwoch	Uhr

Stundenplan

Donnerstag	Freitag	Sonnabend	Uhr

Stundenplan

Montag	Dienstag	Mittwoch	Uhr

Stundenplan

Donnerstag	Freitag	Sonnabend	Uhr

Stundenplan

Montag	Dienstag	Mittwoch	Uhr

Stundenplan

Donnerstag	Freitag	Sonnabend	Uhr

Stundenplan

Montag	Dienstag	Mittwoch	Uhr

Stundenplan

Donnerstag	Freitag	Sonnabend	Uhr

Anwesenheitsliste

Nr.	Name	Ge-burts-tag	Datum					

Datum

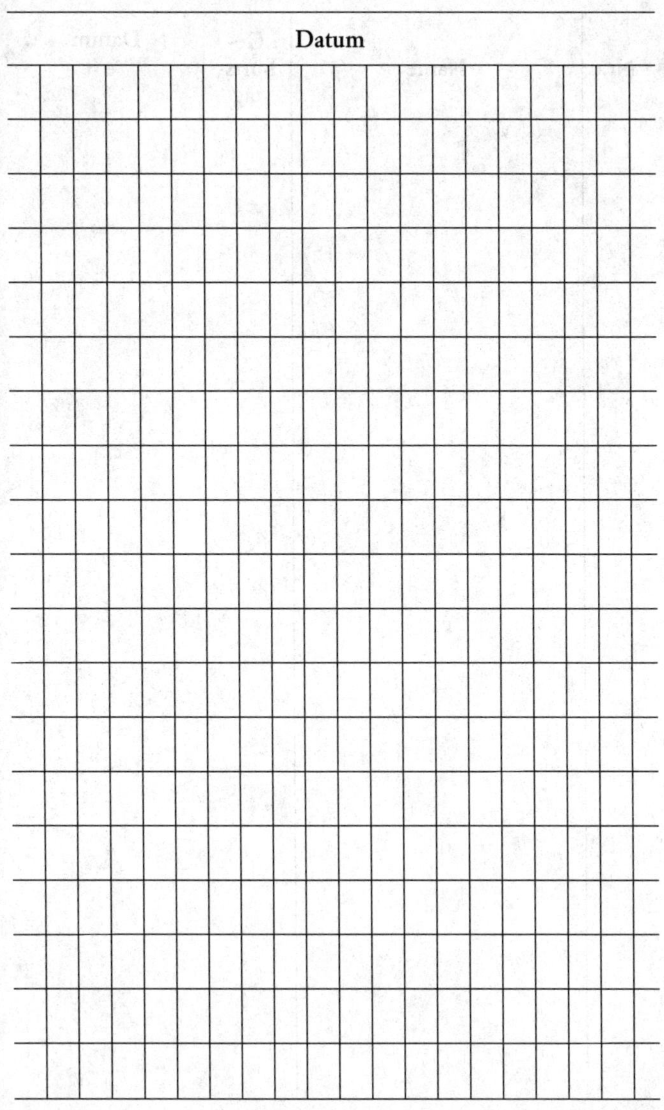

Anwesenheitsliste

Nr.	Name	Geburtstag	Datum					

Datum

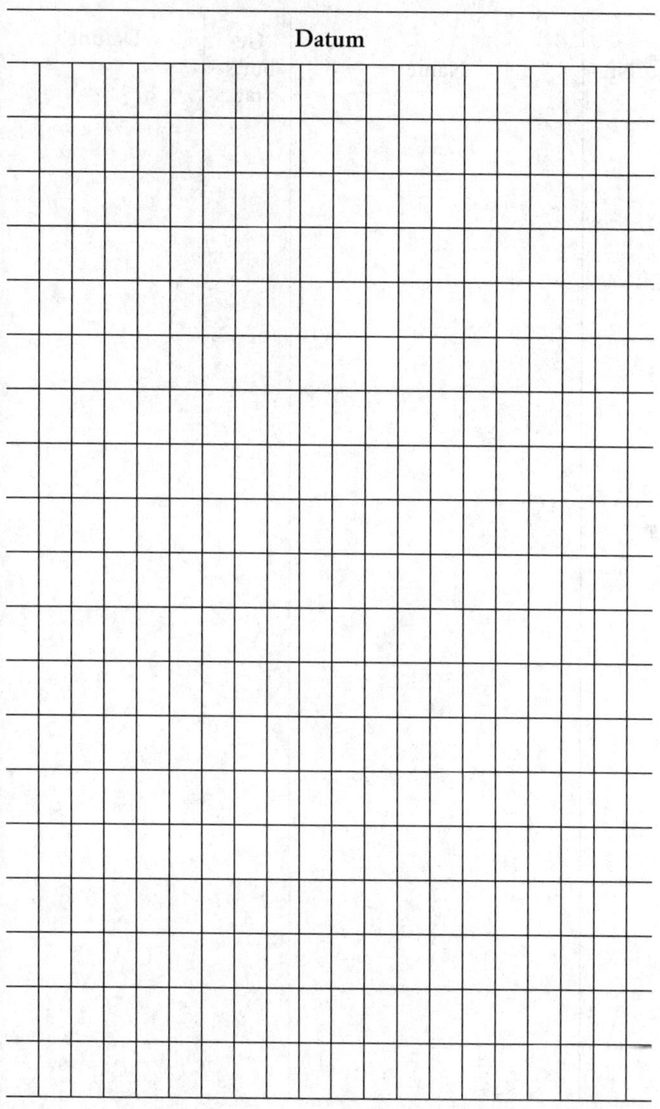

Anwesenheitsliste

Nr.	Name	Geburtstag	Datum				

Datum

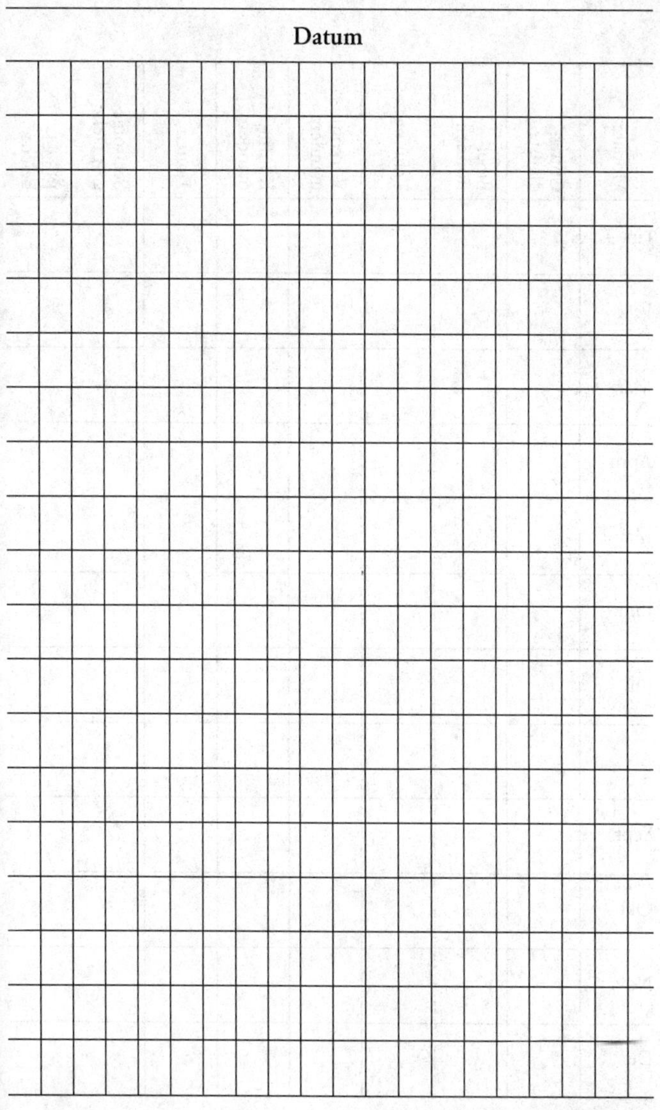

Übersicht der Amtshandlungen

Monate	Gottes-dienste	Bibel-stunden	Trauungen	Vorkonfir-manden	Konfir-manden	Taufen	Seelsorge-gespräche	Einzel-beichte
Jan.								
Feb.								
März								
April								
Mai								
Juni								
Juli								
Aug.								
Sept.								
Okt.								
Nov.								
Dez.								

Zur Zählung der Amtshandlungen setzt man in jedes Kästchen für jede einen kurzen senkrechten Strich und jeden fünften als Querstrich. Auf diese Weise lassen sich in jedem Kästchen bis 20 Amtshandlungen anzeichnen.

Andachten	Abendmahl		Beerdigungen	Gemeindebesuche	Krankenbesuche	Arbeitsbesprechungen	Seminare, Arbeitsreisen	
	Gottesdienst	einzeln						

Übersicht der Amtshandlungen

Monate	Gottes-dienste	Bibel-stunden	Trauungen	Vorkonfir-manden	Konfir-manden	Taufen	Seelsorge-gespräche	Einzel-beichte
Jan.								
Feb.								
März								
April								
Mai								
Juni								
Juli								
Aug.								
Sept.								
Okt.								
Nov.								
Dez.								

Zur Zählung der Amtshandlungen setzt man in jedes Kästchen für jede einen kurzen senkrechten Strich und jeden fünften als Querstrich. Auf diese Weise lassen sich in jedem Kästchen bis 20 Amtshandlungen anzeichnen.

Andachten	Abendmahl		Beerdigungen	Gemeindebesuche	Krankenbesuche	Arbeitsbesprechungen	Seminare, Arbeitsreisen	
	Gottesdienst	einzeln						

Kontennummern/Telefonnummern

Name	Nummer

Kontennummern/Telefonnummern

Name	Nummer

Kontennummern/Telefonnummern

Name	Nummer

Kontennummern/Telefonnummern

Name	Nummer

Kontennummern/Telefonnummern

Name	Nummer

Kontennummern/Telefonnummern

Name	Nummer

Kontennummern/Telefonnummern

Name	Nummer

Kontennummern/Telefonnummern

Name	Nummer

Ferientermine 2021

in den Ländern der Bundesrepublik Deutschland* (allgemeinbildende Schulen)

Land	Weihnachten 2020/2021	Winter 2021	Ostern/Frühjahr 2021	Himmelfahrt/ Pfingsten 2021	Sommer 2021	Herbst 2021	Weihnachten 2021/2022	Winter 2022
Baden-Württemberg	23.12.–09.01.	–	*01.04.* 06.04.–10.04.	25.05.–05.06.	29.07.–11.09.	*31.10.* 02.11.–06.11.	23.12.–08.01.	–
Bayern	23.12.–09.01.	–	15.02.–19.02. 29.03.–10.04.	25.05.–04.06.	30.07.–13.09.	*02.11.–05.11.*	24.12.–08.01.	–
Berlin	21.12.–02.01.	01.02.–06.02.	29.03.–10.04.	*14.05.*	24.06.–06.08.	11.10.–23.10.	23.12.–31.12.	29.01.–05.02.
Brandenburg	21.12.–02.01.	01.02.–06.02.	29.03.–09.04.	–	24.06.–07.08.	11.10.–23.10.	23.12.–31.12.	31.01.–05.02.
Bremen	23.12.–08.01.	01.02.–02.02.	27.03.–10.04.	14.05./25.05.	22.07.–01.09.	18.10.–30.10.	23.12.–08.01.	31.01.–01.02.
Hamburg	21.12.–04.01.	29.01.	01.03.–12.03.	10.05.–14.05.	24.06.–04.08.	04.10.–15.10.	23.12.–04.01.	28.01.
Hessen	21.12.–09.01.	–	06.04.–16.04.	–	19.07.–27.08.	11.10.–23.10.	23.12.–08.01.	–
Mecklenb.-Vorpomm.	21.12.–02.01.	06.02.–18.02. *19.02.*	29.03.–07.04.	14.05. 21.05.–25.05.	21.06.–31.07.	02.10.–09.10. 01.11.–02.11.	22.12.–31.12.	05.02.–17.02. *18.02.*
Niedersachsen	23.12.–08.01.	01.02.–02.02.	29.03.–09.04.	14.05./25.05.	22.07.–01.09.	18.10.–29.10.	23.12.–07.01.	31.01.–01.02.
Nordrhein-Westfalen	23.12.–06.01.	–	29.03.–10.04.	25.05.	05.07.–17.08.	11.10.–23.10.	24.12.–08.01.	–
Rheinland-Pfalz	21.12.–31.12.	–	29.03.–06.04.	25.05.–02.06.	19.07.–27.08.	11.10.–22.10.	23.12.–31.12.	21.02.–25.02.
Saarland	21.12.–31.12.	15.02.–19.02.	29.03.–07.04.	25.05.–28.05.	19.07.–27.08.	18.10.–29.10.	23.12.–03.01.	21.02.–01.03.
Sachsen	23.12.–02.01.	08.02.–20.02.	02.04.–10.04.	*14.05.*	26.07.–03.09.	18.10.–30.10.	23.12.–01.01.	12.02.–26.02.
Sachsen-Anhalt	21.12.–05.01.	08.02.–13.02.	29.03.–03.04.	10.05.–22.05.	22.07.–01.09.	25.10.–30.10.	22.12.–08.01.	12.02.–19.02.
Schleswig-Holstein**	21.12.–06.01.	–	01.04.–16.04.	14.05.–15.05.	21.06.–31.07.	04.10.–16.10.	23.12.–08.01.	–
Thüringen	23.12.–02.01.	08.02.–13.02.	29.03.–10.04.	*14.05.*	26.07.–04.09.	25.10.–06.11.	23.12.–31.12.	12.02.–19.02.

*Angegeben ist jeweils der erste und letzte Ferientag. Schul- und unterrichtsfreie Tage sind kursiv gekennzeichnet. Nachträgliche Änderungen einzelner Länder sind vorbehalten. **Auf den Nordseeinseln gelten Sonderregelungen. Liste lt. KMK-Angaben, Stand 16.01.2020. Aktualisierung unter www.kmk.org. Alle Angaben ohne Gewähr.